suhrkamp taschenbuch 4521

Ein junges Paar soll mit Hilfe gefälschter Taufdokumente aus dem belagerten Sarajevo herausgebracht werden. Die Aktion scheitert. Die beteiligten Retter werden von Schuldgefühlen gequält. Serafina, die Mutter, kann den Verlust ihrer Tochter und die Zerstörung einer Liebe nicht ertragen und beschließt zu sterben. Knapp zwanzig Minuten liegen zwischen Anfang und Ende des Romans, doch die wie in einer Zeitspirale erzählte Geschichte reicht zurück bis ins Jahr 1942, als Serafina, die sich Sara nannte, ihrer jüdischen Freundin nach Auschwitz folgen wollte.
Dževad Karahasan, der neben Ivo Andrić bedeutendste poetische Chronist Bosniens, hat Zauber und Tragik seiner Heimatstadt nie unerbittlicher dokumentiert als in diesem Buch.

Dževad Karahasan, 1953 in Duvno/Jugoslawien geboren, Erzähler, Dramatiker und Essayist. Die Belagerung Sarajevos war auch Thema seines in zehn Sprachen übersetzten *Tagebuchs der Aussiedlung* (1993), des Romans *Schahrijârs Ring* (1997) und der *Berichte aus der dunklen Welt* (2007). Sein Werk wurde vielfach ausgezeichnet, u. a. mit dem Leipziger Buchpreis zur Europäischen Verständigung 2004. Dževad Karahasan lebt in Graz und Sarajevo.

Dževad Karahasan
Sara und Serafina

Roman

Aus dem Serbokroatischen
von Barbara Antkowiak

Suhrkamp

Die Originalausgabe erschien 1999 unter dem Titel
Sara i Serafina bei Durieux, Zagreb.

Die vorliegende Übersetzung erschien erstmals
im Jahr 2000 bei Rowohlt · Berlin.
Copyright © 2000 by Rowohlt · Berlin Verlag GmbH,
Berlin.

Umschlagfoto: Imka Heiß

Erste Auflage 2014
suhrkamp taschenbuch 4521
Suhrkamp Verlag Berlin 2014
Copyright © 1999 by Dževad Karahasan
Suhrkamp Taschenbuch Verlag
Alle Rechte vorbehalten, insbesondere das
des öffentlichen Vortrags sowie der Übertragung
durch Rundfunk und Fernsehen, auch einzelner Teile.
Kein Teil des Werkes darf in irgendeiner Form
(durch Fotografie, Mikrofilm oder andere Verfahren)
ohne schriftliche Genehmigung des Verlages reproduziert
oder unter Verwendung elektronischer Systeme verarbeitet,
vervielfältigt oder verbreitet werden.
Umschlag: Göllner, Michels, Zegarzewski
Druck: Druckhaus Nomos, Sinzheim
Printed in Germany
ISBN 978-3-518-46521-9

Sara und Serafina

I

Die Farbe der bronzenen Schatten

»Die Menschen verbringen ihr Leben auf Erden im Schatten von Bronzefiguren«, sagte mein Freund Albert Goldstein. Wir saßen im Wiener Café des Hotels »Europa«, umgeben von dem Stimmengewirr, das dort immer herrschte, zumindest damals, während unseres Gesprächs, Mitte der achtziger Jahre. »Mit Bronzefiguren meine ich die Denkmäler«, sagte er, »jene Symbole eines politischen Wertesystems, die einen notwendigen Bestandteil jeder gesellschaftlichen Ordnung bilden. Ohne Staat keine Denkmäler, ohne Denkmäler kein Staat. In den Bronzefiguren beziehungsweise Denkmälern sehe ich daher die Bedeutung all dessen versammelt, was mit der Institutionalisierung der menschlichen Gesellschaft zu tun hat, also mit Staat im weitesten Sinne. Du stimmst mir doch hoffentlich zu?

Der Mensch produziert seine Bronzefiguren, das heißt die Institutionen beziehungsweise den Staat nicht anders, als er Schweiß, Urin und Kohlendioxid produziert – aus einer naturhaften Notwendigkeit heraus. Das wird so bleiben, solange der Mensch ein furchtsames und geselliges Wesen ist, also immer und ewig. Wenn du weder schwitzt noch pisst, existierst du vielleicht, aber leben tust du nicht. Und wenn ihr keine Bronzefiguren herstellt, mögt ihr zwar irgendwie am Leben sein, aber Menschen seid ihr keine, sondern irgendwie eine andere Art Geschöpf. Ich behaupte, dass der Zusammenhang zwischen Staat und Gesellschaft tief und unausweichlich ist, und ich behaupte auch, dass sich daran so wenig ändern lässt wie an der Tatsache, dass in der Reihe der Primzahlen die Sieben nach der Fünf kommt.

Stellen wir uns folgendes Experiment vor: Wir schicken fünf Menschen aus verschiedenen Weltgegenden auf eine einsame Insel und überlassen sie dort sich selbst und der Natur. Diese Menschen kennen einander nicht, sie haben keine gemeinsame Sprache, keine gemeinsame Vorstellung von Hierarchie, Ordnung, Arbeit. Ich weiß nicht, ob es je so ein Experiment gab, aber ich bin hundertprozentig sicher, wie es ausgehen würde, falls diese Menschen überlebten – und sie haben überlebt, sie überleben immer, Robinson hat überlebt, die Menschen können sogar ihre eigenen Taten überleben, und menschliche Taten sind zweifellos schlimmer als alles, was die Natur je anrichten könnte. Ich bin völlig sicher, dass unsere Leute auf ihrer einsamen Insel eine Art Zeichensystem zur Verständigung und damit Schatten von Bronzefiguren hervorbringen würden. Im Kampf ums Überleben, im Bemühen um Verständigung würden sie eine Gesellschaft schaffen und mit ihr Hierarchie, Arbeitsteilung und Kompetenzen, bestimmte Verhaltens- und Beziehungsmodelle, die für alle verpflichtend wären, sie würden also all das erschaffen, was man mit der Metapher der Bronzefiguren ausdrücken könnte. Unsere ausgesetzten Inselmenschen wären sich dessen wahrscheinlich gar nicht bewusst, aber sie hätten nicht anders gekonnt, als über und um sich herum bronzene Schatten zu erzeugen, als hätten sie sie ausgeschwitzt.«

Ich stimmte meinem Freund nicht zu, aber ich widersprach ihm auch nicht, denn in meinem Leben hatte es so viele Bronzefiguren gegeben, dass ich meine Privatgespräche mit ihnen verschonen musste. Außerdem lässt sich das Experiment, von dem Albert sprach, nicht mehr durchführen, weil es keine einsamen Inseln mehr gibt, auf denen man Menschen der Natur aussetzen könnte; das Verschwinden der einsamen Inseln war eines der ersten Anzeichen dafür, dass die Welt nach und nach ihrer Geheimnisse beraubt werden würde. Und eine Welt ohne Geheimnisse, ohne einsame Inseln, eine Welt, in der kein Abenteuer mehr möglich ist, erschien mir damals wie eine einzige riesige Bronzefigur, die auf alles ihren Schatten wirft, sodass ich mich selbst und das, was mir lieb war, vor ihr zu schützen suchte. Deshalb konnte ich Albert nicht zustimmen, doch ich schwieg und rauchte und verfolgte, wie sich seine Worte in der schweren Luft des überfüllten Cafés mit dem Rauch vermischten, mit Geschirrklappern und Stimmengewirr, und in jene Geräuschkulisse eingingen, die stets im Wiener Café des Hotels »Europa« herrschte, wo wir damals saßen. Und wie sie sich mit alldem vermischt hatten und so diffus geworden waren, dass der Teppich sie wie alles andere schlucken konnte, hatte auch ich die Gedanken meines Freundes über die Bronzefiguren und ihre schicksalhafte Verbindung mit der menschlichen Natur einfach vergessen.

Sie fielen mir während eines Gesprächs mit meinem Freund Dervo Perina etwa zehn Jahre später wieder ein, an einem eisigen Februartag 1993, jenem Tag, den ich nicht vergessen kann und von dem ich wünschte, er wäre nie angebrochen, denn an diesem Tag haben wir Sara verloren.

Dervo war gerade zurück »vom Terrain«, wie er den

Aufenthalt an der Front nannte, das heißt zurück aus den Kämpfen (denn eine Front soll es in diesem Krieg nicht gegeben haben), und erzählte mir, was er gesehen, erlebt, gewünscht und gedacht hatte dort drüben in der wirklichen Welt außerhalb Sarajevos. Dabei muss das Wort »Experiment« gefallen sein, wahrscheinlich in einem Kontext, der Alberts damalige Worte aus dem Vergessen riss, obwohl sie längst, bis zur Unkenntlichkeit mit Rauch, Geschirrklappern und Stimmengewirr vermischt, in den Teppichen des Hotels »Europa« verschwunden sein sollten. Im Zusammenhang mit dem Experiment muss Dervo auch eine Insel erwähnt haben, oder durch seine Beschreibung muss in mir das Bild einer Insel aufgetaucht sein, oder, was aber kaum wahrscheinlich ist, Dervo hat nur einen Augenblick lang mit Alberts Stimme gesprochen, in der sich Müdigkeit und Nervosität so unnachahmlich mischten – ich weiß es wirklich nicht, aber ich weiß, dass das Wort »Experiment« und einige Details aus seinem Kontext in mir die Erinnerung an Alberts Geschichte von den Bronzefiguren wachrief.

»Irgendjemand führt ein Experiment mit uns durch, Professor«, sagte Dervo, und seine Worte hallen noch heute in mir nach. »Jemand, der unheimlich mächtig ist, führt irgendein Experiment am lebendigen Leibe und mit unserem beschissenen Leben durch. Da bin ich mir hundertprozentig sicher, Professor, das ist es, nichts anderes.«

So war es. Bei diesen Worten, bei Dervos Ausbruch stiegen Alberts Bronzefiguren in mir auf und mit ihnen die Stimmen, Geräusche, Gerüche, all das Vertraute und Unwiederholbare, die Atmosphäre des Hotels, das ich so liebte und in dem ich nie wieder sitzen werde.

»Schon wieder Bronzefiguren?«, fragte ich zusammenhanglos, gepackt von der plötzlichen Erinnerung, gegen die ich mich nicht wehren konnte noch wollte, obwohl ich gar nicht richtig wusste, was mit ihr anfangen.

»Ich weiß nicht, was für Figuren, aber dass sie riesengroß sind und uns verarschen, das weiß ich genau«, antwortete Dervo.

Ich versuchte, in seiner Stimme Hass, Verzweiflung oder Resignation zu entdecken, eine jener Empfindungen, die mich in diesen Tagen beherrschten, ich versuchte also, mich zu überzeugen, dass es anderen auch so ging wie mir. Vergebens. Über das große Experiment, das jemand an seinem Leib und Leben durchführte, sprach er ruhig und konzentriert wie über das Wetter und die Familie, über Karate und den Fußballstar Asim Ferhatović. So wie Dervo eben redet. Ich fragte ihn, ob das bedeute, dass wir die Stadt verlassen und so den Fehler vom April 1992 korrigieren sollten, als wir beschlossen hatten, im belagerten Sarajevo zu bleiben.

»Wie kommst du denn darauf?«, fragte Dervo.

»Mein Gott, weil wir nur Ratten sind, wenn du Recht hast«, antwortete ich. »An Ratten werden Experimente durchgeführt, nicht an Menschen!«

»Jeder ist für irgendwen eine Ratte, Professor. Das war immer und überall so. Das wird auch dort so sein, wohin du gehen würdest, keine Sorge. Der einzige Unterschied wäre, dass du dort, falls du Karriere machen und ein Bedürfnis nach Ratten verspüren solltest, deine Ratten bekommen würdest. Ein netter Gedanke! Mir reichen die Viecher bei uns im Keller der Polizeistation.«

»Wir berauschen uns daran, dass wir unsere Häuser und Familien, unsere Freundschaften und unser gutes

Recht auf diese Freundschaften verteidigen, aber in Wirklichkeit sind wir Ratten, die von einem gleichgültigen Subjekt observiert werden. Das kannst du doch nicht zulassen«, tobte ich, weil mich die Welt bitter und Dervos Ruhe verrückt machte. »Das darfst du nicht hinnehmen, wenn du noch einen Funken Menschenwürde in dir hast.«

»Deine Subjekte sind mir schnurz, Professor. Ich verteidige mein Haus und meine Familie, alles Übrige schert mich nicht, schon gar nicht, wie mich jemand sieht. Meine Aufgabe ist es, mein Haus und meine Familie gegen die Umstände zu verteidigen, und ich frage nicht, ob diese Umstände die Tschetniks sind, der geringe Lohn, jemand, der mich für eine Ratte hält, oder sonst irgendwas.«

»Aber sie halten dich für eine Ratte und haben dich de facto zur Ratte gemacht«, schrie ich ihn an. »Das kannst du dir doch nicht antun, Mensch.« Ich wurde immer wütender.

»Das ist ihre Sache«, erwiderte Dervo mit unerschütterlicher Ruhe. »Ihre Sache ist, was sie sehen und wie sie es betrachten, und meine Sache, was ich tue und wie ich mich verhalte. Wenn ich mich wie ein Mensch verhalte, dann bin ich es auch, egal, wie sie mich sehen und in ihren Büchern führen. Und wenn ich mich wie eine Ratte verhalte, dann bin ich es auch, selbst wenn mich die ganze Welt als großen Menschen feiert. Ich kann die Umstände nicht bestimmen, denn das ist nicht meine Aufgabe, ich kann mich nur unter diesen Umständen verhalten: Das ist meine Aufgabe und sie entspricht meiner Natur.«

Hier biss ich mir auf die Zunge, um meinen Zorn, meine Gereiztheit und meinen Neid, all das, was ich die dunkle Seite meiner Freundschaft mit Dervo nenne, zurückzuhalten. Diese Freundschaft bedeutete mir viel, ich darf sagen, dass Dervo in den Kriegstagen mein bester Freund gewesen ist, ja viel mehr als ein Freund. Aber fast bei jeder Begegnung, und die gab es täglich, wenn Dervo nicht im Kampf war, kam etwas Hässliches zum Vorschein, ein emotionaler Wirrwarr aus Neid und Verachtung, Intoleranz ihm gegenüber und Wut auf mich selbst, weil ich ihn und seine Freundschaft brauchte. Daran hat sich seit ihrem Beginn nichts geändert.

Wir hatten uns Mitte Juli 1992 kennen gelernt. Dervo war stellvertretender Chef der Polizeistation in Marindvor, also eine der wichtigsten Persönlichkeiten unseres Viertels in der Kriegszeit, und ich als Besitzer eines von zwei Holz- und Kohleherden im selben Viertel galt hier ebenfalls als eine der wichtigsten Persönlichkeiten, obwohl ich kein Kämpfer war. Aber was uns zusammenführte, war nicht das gesellschaftliche Ansehen, sondern die Tatsache, dass Dervo Mitte Juli ein paar Tage Urlaub bekam. Das bedeutete, dass er diese Tage nach Buća potok, eine der in den sechziger Jahren in so genannter wilder Bauweise entstandenen Vorstädte, gehen und nach wer weiß wie langer Zeit (vielleicht sogar schon seit Kriegsbeginn im April, denn Marindvor war besonders bedroht) wieder bei seiner Familie sein konnte. Und so kam er zu uns, um ein Brot backen zu lassen, das er nach Hause mitnehmen wollte. Irgendwo hatte er sich Mehl und Hefe besorgt, aus der Polizeistation einen Kanister Wasser mitgenommen und all das einer Nachbarin gebracht, die den Teig knetete, und nun sollte bei uns gebacken.

Während H. (meine Frau) das Brot backte, haben Dervo und ich uns kennen gelernt und versucht, miteinander ins Gespräch zu kommen. Wir versuchten es wirklich, aber das Gespräch wollte nicht in Gang kommen, weil sich Dervo viel zu sehr auf das Wiedersehen mit seiner Familie freute, um mit einem Unbekannten reden zu können. Diese Freude auf das Wiedersehen mit der Familie war wieder typisch für Dervo (das kann ich heute sagen, wo ich auf diese Ereignisse zurückblicke), seine Freude richtete sich auf einen Punkt, eine Einzelheit, die dann seine ganze Aufmerksamkeit gefangen nahm und zum einzigen Gegenstand seines Interesses wurde. Diesmal war es das Brot, das er hatte beschaffen können und das seine Frau überraschen und freuen würde. Oder um es noch genauer zu sagen: All seine Freude, sein Stolz, der Aufenthalt zu Hause und das Wiedersehen mit der Familie, all das Wunderbare versammelte sich in einem Bild, dem Antlitz seiner Frau, wenn sie das Brot in Händen halten würde, ein Bild, das Dervo vor seinem inneren Auge sah und von dem er sich einfach nicht losreißen konnte (oder wollte?).

Er hat sich wirklich bemüht, mit mir ins Gespräch zu kommen, er hat sich übrigens viel mehr darum bemüht als ich, aber ständig unterbrach er sich selbst mit einem Lachanfall oder einer Bemerkung über seine Frau. »Die wird staunen!«, rief er und schlug sich auf die Schenkel. Oder er hielt unmittelbar nachdem er einen gut formulierten Satz ausgesprochen hatte, inne, schüttelte den Kopf und rief: »Ach, mein Professor, wenn du wüsstest, wie es ist, wenn sie die Augen aufreißt!« Dann fuhr er fort, die »Situation zu analysieren«, wie wir damals die Gespräche über den Krieg nannten, unterbrach sich mitten im Satz und fragte lachend: »Und wenn ich ihr sage, dass das Brot von den Tschetniks ist? Dass ich es erbeutet habe? Würde sie es essen? Was meinst du, Professor? Ob sie erbeutetes Brot essen würde?« Immer neue und immer verrücktere Antworten auf die vermutete Frage seiner Frau nach der Herkunft des mitgebrachten Brotes zu erfinden war eine zu große Versuchung für Dervo, als dass sein Wunsch, bei den neuen Bekannten eine gute Figur zu machen, sich hätte erfüllen können. Die restliche Zeit lachte er, oder er erfand immer überspanntere Geschichten, wie er sich das Brot beschafft hatte, und als das Brot gebacken war und er sich verabschieden wollte, fiel ihm ein, dass er sich nicht wie ein würdevoller Mensch und Kämpfer verhalten hatte, er versuchte sich mit der Erklärung zu entschuldigen, dass er einmal »eigens dafür« kommen würde, um mit mir die Situation zu analysieren. Dann eilte er davon. Ich war ihm dankbar – bin es auch heute noch – für die Freude, für sein Lachen, für all das Gute, das mit ihm in unser Haus kam. Mit seinem ersten Besuch bei uns schenkte Dervo meiner Frau und mir viele Stunden des schönen Gesprächs, was in diesen Zeiten unendlich viel bedeutete.

Nach seiner Rückkehr aus dem Urlaub kam Dervo kurz vorbei, um uns Äpfel aus dem Garten zu bringen. Noch am selben Tag zog er in den Kampf (»aufs Terrain«, wie er es nannte). Aber gleich nachdem er seinen Posten in der mir unmittelbar benachbarten, zugleich als Kaserne dienenden Polizeistation wieder bezogen hatte, erfüllte er sein Versprechen und kam bei mir vorbei, »eigens für eine Analyse der Situation«. So entwickelte sich unsere Freundschaft, durch die ich Dervo besser kennen lernte und die es mir leichter machte, mein Los zu ertragen.

Wenn ich ihn kurz und präzise beschreiben müsste, würde ich sagen, dass Dervo ein äußerst ruhiger und konzentrierter Mensch ist. Nach der ersten Begegnung, die in jeder Hinsicht außergewöhnlich war, hat er sich nie wieder, auch ungeachtet der konkreten Situation und des Gesprächsthemas, irgendeine Aufregung anmerken lassen, es sei denn, er sprach über das Tauchen. Das Tauchen und die Taucherausrüstung konnten seine Selbstbeherrschung völlig außer Kraft setzen: Sein Gesicht und seine Bewegungen verrieten Erregung, ja Leidenschaft (die Unterwasserwelt hatte er als junger Polizist bei der Spezialausbildung kennen gelernt und sich ihr ganz und gar verschrieben, wozu nur Menschen von seiner Seelenruhe fähig sind). Wenn er über das Tauchen sprach, sei es prinzipiell oder über eine konkrete Erinnerung, wusste ich, dass es ihm schlecht ging. Es geschah, wenn er im Kampf einen guten Freund verloren hatte oder die Kämpfe sehr schwer gewesen waren. In unserem Gespräch, wenn er sich über seine Leidenschaft auslassen konnte, die ihn angeblich beruhigte, erneuerte er seine Energie und sein Vertrauen in die Welt, er erneuerte die Fähigkeit, sich zu freuen und überhaupt wieder etwas zu empfinden. Über alles andere sprach er ruhig, ziemlich leise und mit einer Konzentriertheit, die ich bei jedem anderen Besessenheit genannt hätte. Den Gegenstand des Gesprächs isolierte er vom Rest der Welt und widmete sich ihm dann so intensiv, wie es überhaupt möglich ist, als hinge sein Schicksal, ja, als hinge das Schicksal der Welt davon ab, dass er diesen Gegenstand vollständig begriff und alles über ihn erfuhr, was man nur erfahren konnte. Er konzentrierte sich auf diesen Gegenstand, als existierte nichts anderes mehr, als wäre etwas anderes gar nicht möglich und als hätte Gott ihn, Dervo, für nichts anderes auf der Welt geschaffen.

Wenn ich heute über Dervo nachdenke, mich an diese Zeit erinnere, die wir gemeinsam verbracht haben, mir einzelne Situationen, Gespräche, winzige Details ins Gedächtnis rufe in der Hoffnung, meinen Freund und unsere Freundschaft zu verstehen, wenn ich also heute über Dervo nachdenke, würde ich sagen, dass es sich bei ihm weniger um Konzentration im landläufigen Sinne handelte – jene erworbene Fähigkeit, sich unabgelenkt auf etwas Gegebenes zu richten – als um sein Weltempfinden, also das in uns, wo sich Charakter und Erziehung beziehungsweise Erfahrung begegnen und durchdringen. In seinem Weltempfinden, in der Art seines Denkens und Fühlens, in seinem Ton und Umgang mit Menschen, in seiner Auffassung des Sports, in seinen musikalischen Vorlieben wie in seiner Erotik ist Dervo ein altmodischer Alleskönner, einer von denen, die man in Bosnien seit der österreichischen Okkupation *dundjeri* nannte und in den Kreisen der neuen gesellschaftlichen Elite nach dem Zweiten Weltkrieg schlicht Hausmeister. Wenn Sie je einen solchen Meister kennen gelernt haben, wissen Sie, was ich meine, wenn ich sage, dass Dervos Konzentration aufs Konkrete in engem Zusammenhang steht mit diesem Weltempfinden und nicht mit der Polizeiausbildung, den Kampfsportarten oder einer anderen Form der erworbenen Disziplin.

Ein *dundjer* ist ein Meister, der kein bestimmtes Handwerk gelernt hat, aber mit allen irgendwie zurechtkommt, weil seine Hände und sein Verstand nach Meisterart denken können (wenn Sie etwas von Platon oder auch Wittgensteins »Tractatus logico-philosophicus« gelesen haben, wissen Sie, was ich meine). Er hat keine offizielle Werkstatt, aber einen meist riesigen Raum voller gelegentlich erworbener Werkzeuge aller Art, den er seine Werkstatt nennt und der diesen Namen zweifellos verdient. In dem unübersichtlichen Werkzeughaufen werden Sie nicht alles finden, was Sie für ein offizielles Handwerk brauchen, aber sein Besitzer, unser *dundjer*, wird herausfischen, was er braucht, um jeden Schaden zu beheben, für den überhaupt ein Handwerk zuständig sein kann, das heißt für buchstäblich jeden Schaden, der irgendwo in einem Haus auftritt. Hinter dem Haus, unter einem improvisierten Dach oder im Keller hat ein echter *dundjer* einen ebenso Furcht erregenden Haufen von Rohren, Winkeln, Maschinenteilen, Brettern und Balken, Pflöcken und Resten von Dingen, die nichts mehr von dem Ganzen verraten, dem sie einmal angehörten, und so rudimentär sind, dass sie keinen eigenen Namen mehr haben, weshalb sie entweder Hepeck oder Hackenputz genannt werden.

Dieser Haufen aller nur erdenklichen Dinge, der für jeden normalen Menschen wie eine Müllsammlung aussieht, sagen wir, wie eine Sammlung Edelmüll, diesen Materialhaufen nennt der *dundjer* sein Lager und entnimmt ihm das, was er für jede erdenkliche Reparatur benötigt. Einen *dundjer* rufen Sie, wenn Ihre Waschmaschine oder die Herdklappe defekt, wenn eine Wand feucht oder etwas vom Schrank abgebrochen ist, wenn Sie die Südwand Ihres Hauses mit Blech abdichten oder sich wegen der Heizung, eines schadhaften Dachs oder des Garagenanbaus an der Westwand des Hauses beraten wollen. Hingegen rufen Sie ihn niemals, wenn etwas neu gemacht werden muss, für solche Arbeiten engagiert man Handwerker, die einseitig und oberflächlich genug sind, um es zu wagen, die Schöpfung ex nihilo nachzuahmen. Ein *dundjer* kann keine Pläne zeichnen und nichts konstruieren, er fühlt sich nicht berufen, die Welt oder einen ihrer Bestandteile seiner Vision unterzuordnen, er empfindet sogar ein gewisses Unbehagen angesichts des maßlosen Ingenieurverstands, der sich in seinem Größenwahn an die Nachahmung des Schöpfers wagt. Ein *dundjer* kann nicht fachgemäß erklären, wie eine Maschine funktioniert, aber er versteht buchstäblich jede Maschine zu reparieren, die er einmal auseinandergenommen und angeschaut hat, solange sich an ihr noch etwas reparieren lässt. Er kann einen Tisch oder einen Schrank nicht bauen, aber er kann ihn reparieren und wird stets in seinem Lager passende Bretter dafür finden. Er kann nicht mauern und keine Rohre verlegen, aber er kann eine Mauer gegen Feuchtigkeit isolieren oder ein Loch in ihr verstopfen, er kann ein geplatztes Rohr auswechseln oder einen tropfenden Wasserhahn in Ordnung bringen. Wenn Sie ihn rufen und ihm erklären, was Sie von ihm erwarten, stellt er viele Fragen, prüft und überlegt und räuspert sich, ernsthaft bemüht, Ihr Problem ganz konkret zu verstehen. Und wenn er sich räuspert, gehen Sie ruhig weg, er bemerkt Sie kaum noch, denn er ist bereits ganz bei dem Problem, das er lösen soll. Auf dieses Problem, das heißt auf den Gegenstand, an dem der Schaden entstanden ist, auf die innere Logik des Gegenstands, aus dem sich die einzelnen Möglichkeiten ergeben, den Schaden zu beheben, darauf konzentriert er sich so vollkommen, dass er wohl wirklich irgendwann das Gefühl haben muss, sein Problem sei das einzige, das wirklich existiere, und er selbst gar nicht mehr vorhanden, nur noch als Folge des Problems und als Mittel, dieses Problem zu lösen. Er geht in seine Werkstatt, um die erforderlichen Werkzeuge zu holen, dann ins Lager, um aus jenem Furcht erregenden Haufen die notwendigen Teile auszusuchen, und dann kehrt er zu Ihnen zurück, um zu tun, worum Sie ihn gebeten haben.

Dervo hatte das Weltempfinden der alten Handwerksmeister, ihre Art des Denkens und Fühlens; in jedem Gespräch, egal zu welchem Thema, zeigte er jene übermenschliche Konzentration aufs Konkrete, die es diesen Meistern ermöglichte, tatsächlich alles in Ordnung zu bringen. Ich habe ihn nie danach gefragt, denn zu jener Zeit, als ich mit ihm sprechen konnte, kam mir dieser Vergleich nicht in den Sinn, aber ich bin fast sicher, dass Dervos Vater so ein Meister Allwissend war, einer von denen, die es früher gab, die es gelernt hatten, nach Meisterart zu denken und zu empfinden, um dann aufgrund dieses Wissens, dank ihrer Fähigkeit, ein Problem in seiner Konkretheit zu denken und zu begreifen, die Fragen einzelner Gewerke zu lösen. Ich möchte wetten, dass Dervos Vater so ein Meister Allwissend war, der seinen Sohn zur Polizei schicken musste, weil er am eigenen Leibe erfahren hatte, dass es für Universalisten seines Typs immer weniger Arbeit und Überlebensmöglichkeiten gab, denn inzwischen war eine Zeit gekommen, die mit denkenden Meistern nichts mehr anzufangen wusste. Übrigens ist es ziemlich gleichgültig, ob Dervos Vater so einer war oder nicht, es ist völlig gleichgültig, ob Dervo sein Weltempfinden von seinem Vater oder einem Nachbarn übernommen, ob er es durch Erziehung erworben hatte oder schon damit auf die Welt kam, wichtig ist, dass er auf die Art eines alten Meisters Allwissend dachte und fühlte. Und das tat er, da bin ich mir sicher, so weit habe ich meinen Freund kennen gelernt.

All das, was ich die dunkle Seite meiner Freundschaft mit Dervo genannt habe, spielt hier herein. Lag es daran, dass wir uns kennen lernten, als ich schon begriffen hatte, dass das, was ich in meiner Jugend stolz meine Vielseitigkeit nannte, eigentlich ein tragischer Mangel an Konzentration war, der mich, schon rein praktisch, zur Oberflächlichkeit zwang? Lag es daran, dass wir uns zu einer Zeit kennen lernten, als mir klar wurde, dass ich ein oberflächlicher Alleswisser war und für immer bleiben würde, und die Freundschaft mit ihm und seine Besessenheit mich stets an diese Erkenntnis erinnerten, die mir, das können Sie mir glauben, nicht lieb war? Lag es daran, dass ich ihn über alle Maßen um die Ruhe beneidete, nach der ich selbst strebe, seit ich denken kann, und die er im Übermaß besitzt? Lag es daran, dass er, wie meine Frau behauptet, das Schicksal ohne unnötige Fragen und Widerstände annehmen konnte, während ich, der so gerne über das Schicksal und seine Vorzüge gegenüber dem Zufall, der Vernunft und anderen menschlichen Surrogaten des Schicksals philosophiere, mir in dem Moment, wo ich ihm gegenüberstehe, panisch überlege, wie ich es überlisten, ihm entgehen, ihm meinen Nächsten an meiner Stelle ausliefern kann? Lag es, kurz gesagt, daran, dass er die Eigenschaften hatte, die ich mir wünschte – hatte ich deshalb seit Anbeginn unserer Freundschaft heftige Anfälle von Missgunst und sogar Feindseligkeit gegenüber Dervo?

Oder doch nicht? Man darf nicht um der scheinbaren Klarheit willen zu sehr vereinfachen. Moderne Menschen würden es wahrscheinlich Anfälle negativer Energie nennen, und das entspricht der Wirklichkeit viel eher als die scheinbar klare Bezeichnung »Neid«, die nichts mit dem zu tun hat, was tatsächlich in mir vorging. Ich glaube, es war wirklich negative Energie. Wenn Sie mitten in einem angenehmen und guten Gespräch eine Flut von negativen Gefühlen überschwemmt – Neid und Wut, Verachtung und Hohn, der Wunsch, den anderen auszulachen und zu verletzen –, was ist das anderes als negative Energie? Aber im selben Moment sind Sie nicht nur von negativen Gefühlen beherrscht, das wäre zu einfach. Sie empfinden auch Sympathie und Achtung Ihrem Gesprächspartner gegenüber, Sie wünschen sich, so wie er zu sein, und Sie sind sich bewusst, dass Sie es wünschen. Sie freuen sich über die Freundschaft mit ihm und wissen, wie gut es ist, dass Sie sich freuen. Sie sind von einem unerklärlichen geistigen Wirrwarr befallen, der Ihre negativen Gefühle gegen Sie selbst richtet, genau wie gegen den Gesprächspartner, aber mehr noch gegen Sie. Ich zum Beispiel verachtete mich in dem Moment, als ich Dervo verachtete, wahrscheinlich noch tiefer, weil ich seine Tapferkeit und seine Fähigkeit, seine Angst zu beherrschen, mit Mangel an Phantasie erklärte und seine Klugheit und Bereitschaft, das Unausweichliche anzunehmen, für Dummheit hielt. Denn im selben Moment, da ich ihn wegen dieser Eigenschaften verachtete, spürte ich, wie gut es wäre, diese Eigenschaften zu haben, sollten sie noch so sehr aus mangelnder Phantasie und Dummheit geboren sein. Und ich möchte schwören, dass ich bei solchen Anfällen negativer Energie heftiger gegen mich selbst wütete, weil ich Dervo in aufrichtiger Freundschaft zugetan und viel zu abhängig war von seinem ruhigen Umgang mit jedem nur erdenklichen Thema, als dass ich ihm selbst jemals hätte böse sein können. Darum glaube ich, dass sich der Mensch bei solchen Anfällen in einer geistigen Verwirrung befindet und dass man diese Verwirrung niemandem verständlich machen kann, weshalb es darüber nichts Zuverlässiges zu sagen gibt. Sicher bin ich mir nur, dass meine negativen Gefühle sich an Dervos Ruhe entzündeten, an seiner Fähigkeit, sich ganz dem zu widmen, was ihn im Moment beschäftigte. Dieses Gefühl Neid zu nennen wäre eine grobe Vereinfachung, es wäre allzu bequem, wenn es einfach nur Neid wäre, andererseits ist es auch nicht frei von Neid. Aus all diesen Gründen habe ich es schon damals die dunkle Seite meiner Freundschaft mit Dervo genannt. So viel zumindest kann ich mit Sicherheit sagen und vor mir verantworten.

Mit derselben Sicherheit kann ich behaupten, dass diese dunkle Seite zum Glück keine negativen Folgen für unsere Freundschaft hatte. Kein einziges Mal habe ich mich dazu hinreißen lassen, das, was mir in solchen Augenblicken auf der Zunge lag, auch auszusprechen, kein einziges Mal habe ich Dervo gebeten, nicht mehr zu uns zu kommen und mich aus unserer Freundschaft zu entlassen, ich habe ihm nicht erklärt, dass der Mensch nur Mensch ist, solange er sich dem Unausweichlichen widersetzt, und dass es leicht ist, mutig zu sein, wenn man nicht genug Phantasie hat. Ich habe nicht den unverzeihlichen Fehler begangen, ihn zu verletzen, so heftig ich es mir auch zuweilen wünschte. Ich war wohl alt genug, um verantwortlich zu handeln und zu wissen, dass man zwar nicht für seine Gedanken und Gefühle verantwortlich ist, aber durchaus für die Worte und Taten, die aus ihnen folgen können. Und ich glaube, dass auch Dervo alt und klug genug war, um zu wissen, dass Freundschaft mit einem fehlerlosen Menschen nicht möglich ist, also übersah er meine leider häufigen Ausfälle (habe ich das seiner Erfahrung als Polizist zu verdanken? Schulde ich meine Freundschaft der Polizei, die Dervo ständig mit der menschlichen Natur konfrontiert? Ist heutzutage die Arbeit bei der Polizei die einzige Möglichkeit, das Wesen des Menschen umfassend kennen zu lernen?). Jedenfalls hat unsere Freundschaft fast ein Jahr gehalten, trotz allem, was dagegen sprach: der große Altersunterschied (ich hätte sein Vater sein können), unser Temperament, meine Ausbrüche von Intoleranz.

Ein einziges Mal konnte ich die dunkle Seite nicht niederhalten, sodass sich meine hässlichen Gefühle Bahn brachen. Wie es meistens im Leben der Fall ist und bei mir leider regelmäßig, geschah das in einem Augenblick, da es am wenigsten hätte geschehen dürfen, nämlich an jenem Tag, als Dervo an eine Front außerhalb von Sarajevo abkommandiert wurde, als er zum ersten Mal seit Anfang April 1992 die Stadt auf geheimen Wegen verlassen musste, als er vor etwas völlig Neuem stand und mehr denn je freundschaftliches Verständnis nötig gehabt hätte. An diesem Tag zog er irgendwie anders fort, wahrscheinlich weil er wusste, dass ganz andere Kämpfe auf ihn zukommen würden. Dieser Aufbruch, der für ihn offensichtlich etwas Besonderes war, sollte sich für mich später als schicksalhaft erweisen, denn er führte zu weitreichenden Entscheidungen, wie ich sie sonst nicht zu treffen gewagt hätte. Nach seiner Rückkehr sprach Dervo über das Experiment, das mit uns angestellt wurde, und ich erinnerte mich an Albert Goldsteins bronzene Schatten. Dervos schicksalhafter Aufenthalt »auf dem Terrain« endete an jenem Tag, von dem ich jetzt berichte, es war der Tag, an dem wir Sara verloren haben und mir etwas Wichtiges abhanden gekommen ist, das ich nicht zu definieren vermag, etwas so entscheidend Wichtiges, das ich nun diesen ganzen Tag wiederholen muss, Stunde um Stunde, Augenblick um Augenblick, in der irren Hoffnung, vielleicht doch noch zu entdecken, was ich mit Saras Weggang für immer verloren habe, um auf diese Weise mein Unbehagen, meine schmerzliche Leere loszuwerden.

Mitte Januar 1993 wurde Dervo ins Treskavica-Gebirge abkommandiert. Wie jedes Mal vor dem Aufbruch kam er bei mir auf eine Zigarette vorbei (das war wohl ein persönliches Ritual für ihn, etwas, das durch seine Wiederholung die Wirklichkeit bestätigte und ihm ein Gefühl der Sicherheit gab oder wenigstens seine Unsicherheit und Angst ein wenig linderte). Abgesehen vom üblichen Informationsaustausch, der sich unter unseren Bedingungen von selbst versteht, sprach Dervo die ganze Zeit über ein Zerwürfnis mit seiner Frau, die einzige ernste Krise, die es in den achtzehn Jahren ihrer Liebe gegeben hatte. Diese Krise war etwa ein Jahr nach dem

Beginn ihrer Beziehung ausgebrochen, als sie ihm Stiefel geschenkt hatte, wie sie damals Mode waren: mit erhöhten Absätzen und etwas dickeren Sohlen. Es stimmt zwar, dass solche Stiefel damals gerade der letzte Schrei waren, und es war das Normalste von der Welt, dass ein Mädchen sie ihrem Liebsten schenkte; es stimmt aber auch, dass sie Dervo gerade deshalb so sympathisch fand, weil er über alle Moden erhaben war, und dass eine phantasievolle Person wie sie eigentlich auf ein Dutzend passenderer Neujahrsgeschenke hätte kommen können. So musste Dervo ihr Geschenk als Hinweis auffassen, er sei ihr nicht groß genug, als unbewussten Ausdruck ihres Wunsches, ihren Mann ein wenig größer zu sehen. Kurz: Ihr Geschenk freute ihn nicht, sondern verletzte und beleidigte ihn tief, sodass er zum nächsten Rendezvous drei seiner größten Kameraden aus der Spezialpolizei mitbrachte, sie ihr vorstellte und mit dem Kommentar wegging, er hoffe, unter diesen Jungs ließe sich einer finden, der ihr groß genug sei.

Das Drama um die Missverständnisse, all die Auseinandersetzungen, die ihre Missverständnisse nicht beseitigten, sondern nur vertieften, zogen sich über einen Monat hin, bis sie ihn eines Tages fragte, ob es ihn denn wenigstens überzeugen würde, dass sie vollauf mit ihm zufrieden sei, wenn sie ihn jetzt vom Fleck weg heiraten würde. Das war ihrerseits ein echtes Opfer, denn es bedeutete, dass sie ihre ehrgeizig betriebene Ausbildung unterbrach, doch Dervo nahm das Opfer und den Vorschlag freudig an. So endete die einzige ernste Krise zwischen ihnen, und er heiratete die Frau, mit der er inzwischen zwei erwachsene Kinder hatte, ohne jemals wieder mit ihr in Streit geraten zu sein. Auch wenn er sie nicht so lieben und sich nicht bei jedem Gedanken an sie freuen würde, auch wenn er versuchen würde, einen Einwand gegen sie oder ihre Ehe zu finden, müsste er am Ende sagen, dass sie eine schöne gemeinsame Zeit gehabt hatten. Dennoch ließ ihm die Episode mit den Stiefeln keine Ruhe. »Alles ist doch so beschissen relativ, Professor. Mit knapp über einem Meter bist du groß genug, wenn deine Frau dich so sieht, und mit zwei Metern bist du klein, wenn sie dir noch fünf Zentimeter draufgeben möchte« – so kommentierte Dervo sein altes Liebesdrama, das niemals enden wollte.

Außer an jenem Julitag, als wir das Brot gebacken hatten, hatte Dervo nie von ihr gesprochen. Ein wichtiger Zug unserer Freundschaft war ja, dass wir persönliche Bekenntnisse und intime Themen vermieden, all das, was man ein warmes, vertrautes Gespräch nennt, obwohl unsere Treffen sicher auch nicht schweigsam verliefen (wenn ich jetzt genauer darüber nachdenke und mich erinnere, dass sich Vertraulichkeiten von selbst verboten, ohne Vereinbarung, möchte ich glauben, dass diese Objektivität und Distanziertheit nicht nur ein Merkmal, sondern eine Grundvoraussetzung unserer Freundschaft war. Auch Dervo schien schlechte Erfahrungen mit übertrieben herzlichen Menschen gemacht zu haben). Aber jetzt erzählte er mir unaufgefordert von seiner Frau und hatte sich für die intime Beichte, die überhaupt nicht zu unserer Beziehung passte, seinen wunden Punkt ausgesucht, die einzige fragliche Stelle in der Liebe seines Lebens.

Seine Angst war so tief, dass er mit sich selbst die Schlussabrechnung machte, während er so tat, als spräche er mit mir oder erzählte mir etwas von sich. In

Wirklichkeit bereitete er sich auf die schlimmere Variante vor, nämlich dass wir uns nicht wieder sehen würden. Mit dieser Beichte bekräftigte er endgültig unsere Freundschaft, indem er mich in das tiefste und schmerzlichste Geheimnis seines Lebens einweihte. Ich möchte nie die Tiefe seiner Angst erfahren müssen, und ich hätte gern darauf verzichtet, mich auf diese Weise mit jemandem, den ich kaum kannte, auf den Tod vorzubereiten. Es musste furchtbar sein, in seiner Haut zu stecken. Dabei wirkte er so ruhig und konzentriert, so gefasst und kontrolliert, als spräche er über die Notwendigkeit, nasse Socken zu wechseln. Was für eine Konzentriertheit! Was für eine Selbstkontrolle.

Ich bin sicher, dass dieser Ausruf der Bewunderung, der in mir widerhallte, korrespondierend mit dem Gedanken an die Tiefe und Schwere seiner Angst, der er nicht erlaubte, sich zu zeigen, ich bin sicher, dass dieser »Kurzschluss« die Explosion meiner negativen Energien auslöste und dazu führte, dass zum einzigen Mal die dunkle Seite meiner Freundschaft mit Dervo zum Vorschein kam.

»Hast du Angst in solchen Augenblicken, ich meine vor dem Einrücken oder unmittelbar vor dem Kampf?«, fragte ich plötzlich wie aus heiterem Himmel; es war meine Gereiztheit, die fragte.

»Natürlich«, antwortete Dervo ruhig, leise und konzentriert, als wollte er mich provozieren.

»Große?«

»Ziemlich«, antwortete Dervo wieder so, wie er immer sprach (jetzt, da ich mich erinnere und jede Sekunde der damaligen Ereignisse und Begegnungen wieder durchlebe, da ich mich zu Recht meines damaligen Verhaltens schäme, bin ich geneigt zu glauben, dass ich weniger böse gewesen wäre, hätte Dervo nicht »ziemlich« gesagt. Aber vielleicht scheint es mir nur so, weil mir meine Scham dann erträglicher gewesen wäre?).

»Und wie wirst du damit fertig?«, fragte ich weiter, immer heftiger. »Vor dem Kampf, während des Kampfes und dann hinterher, wenn man zurückblickt und sich erinnert und alles aufs Neue durchlebt? Es sammelt sich so vieles an, so viel Angst, Spannung, Grauen ... man muss zerspringen, explodieren, wenn man sich nicht wenigstens von einem Teil dessen befreit, wenn man den Druck nicht mindert. Wie du damit fertig wirst, das interessiert mich.«

»Wie du selbst sagst, ich befreie mich, so weit es geht«, erklärte Dervo und warf die halb aufgerauchte Zigarette ins Feuer (Gott verzeih mir, dass ich in dem Moment nicht begriff, was Dervo empfand; ich bitte Gott, mir zu verzeihen, denn ich selbst werde es niemals können). »Es wäre nicht zu ertragen, wenn man sich nicht befreien würde, da hast du Recht.«

»Aber wie denn, darum geht es doch!«, zischte ich. »Wie befreit man sich von dem, was man erlebt hat? Wie soll man vergessen? Wie den Druck lindern?«

»Irgendwie. Einen Teil vergisst man, einen Teil löscht man einfach aus, als wäre da nie etwas gewesen, einen Teil vergräbt man tief in sich und tut so, als wüsste man nichts davon. Das geht schon, man muss nur tief genug graben.«

Meine Antwort war eine schäumende Philippika, dass es kein Vergessen, kein Verschwinden und kein Auslöschen gibt, auch wenn Dervo es sich noch so sehr wünschte. Existenz kann man nicht löschen und nicht leugnen. Was einmal die Gabe des Seins bekommen hat, kann es nicht wieder verlieren, es kann nicht in Nichtsein übergehen, es sei denn, nach dem Willen des Schenkenden, wir jedenfalls können es nicht bewirken. Es gibt auch kein Vergessen. Man kann noch so viel Mühe und Geld investieren, man kann aus der ganzen Kultur eine Industrie des Vergessens machen, wie es heute geschieht, man kann versuchen, die Erinnerung gering zu schätzen oder zu löschen – ein Vergessen gibt es nicht. Alles, was einmal war, bleibt in Erinnerung. Ich weiß nicht, wie und wo, aber irgendwo bleibt es. Ich bin sicher, dass ein Apfelbaum sein vorjähriges Laub erinnert, jedes Blatt an jedem Zweig. All diese Blätter existieren weiter, und sei es als Mineralien oder als Feuchtigkeit, als Baumaterial für die diesjährigen Blätter oder als Früchte an einem anderen Baum, ich weiß nicht, in welcher Gestalt jetzt die vorjährigen und vorvorjährigen Blätter existieren, ich weiß es nicht, denn ich bin nur ein Mensch, aber ich weiß mit Sicherheit, dass sie existieren, denn ein Aufhören der Existenz ist logisch nicht möglich. Und das heißt, dass auch Vergessen nicht möglich ist, die Erinnerung ist ein Grundattribut des Daseins. Wir kennen uns nicht, wir sind nicht identisch mit uns, deshalb sind wir nicht imstande, unsere Möglichkeiten wirklich auszuschöpfen, sodass uns scheint, wir könnten vergessen, und wir glauben, wir hätten das vergessen, was uns nicht auf der Oberfläche unseres Bewusstseins zur Verfügung steht. In Wirklichkeit wissen wir nur nicht, dass wir uns erinnern, weil wir nicht imstande sind, etwas tiefer ins eigene Bewusstsein zu greifen. Deine Hand erinnert alle Hände, die sie gedrückt, alle Bänke, die sie berührt hat, alle Papierblätter, über die sie schreibend geglitten ist, sie erinnert das alles, doch du bist nicht imstande, auf deine Hand zu hören und zu verstehen, was sie dir sagt. Es gibt kein Vergessen und kein Verschwinden, der Tod ist nur ein Wechsel der Identität beziehungsweise der Art des Daseins. Wenn es nicht so wäre, wenn man also etwas Geschehenes oder Erfahrenes vergessen könnte, wenn etwas wirklich verschwinden könnte, das einmal da war, wenn das logisch möglich wäre, dann wäre auch das Nichts möglich, dann existierte nichts. Aber das Nichts existiert nicht, es kann nicht existieren.

»Oder glaubst du, es existiert?«, schrie ich Dervo an, der an alldem völlig unschuldig war. Und dann fragte ich in ebenso drohendem Ton, ob er bereit sei, diesen neuen Ideologen zu glauben, diesen Theoretikern einer virtuellen Realität, die in ihrem Wesen nur Nihilisten sind, und ob er wisse, was es bedeute, wenn er wirklich dazu bereit sei, ihnen zu glauben.

Mit diesem Gebrüll beziehungsweise dieser Frage brachte ich mich selbst in ernsthafte Bedrängnis, denn ich wusste buchstäblich nichts über die virtuelle Realität und ihre »Ideologen«, wie ich sie hartnäckig nannte. Aber ich musste einfach weiterreden, und zwar in diesem drohenden, zänkischen Ton, ich musste mich von meiner Angst, meiner Gereiztheit, von all dem Bösen befreien, das mich in diesem Augenblick gepackt hielt. Deshalb versuchte ich am Beispiel der Computer, von denen ich auch nichts verstehe, zu erklären, was Verschwinden sein könnte, nämlich Fortgang in die Nichtexistenz, das heißt Fortgang aus der Existenz. »Stell dir vor, wie es wäre, wenn etwas verschwinden würde, was wirklich und nicht nur virtuell existiert, wenn es verschwinden könnte wie die Dinge, die nicht ausgedruckt und nicht im Speicher des Computers verwahrt sind«, rief ich erregt und erschrocken (wirklich erschrocken, denn die ganze Zeit ging es nur um meine Angst). »Eben noch hast du es auf dem Monitor gesehen, es schien real zu sein wie das Buch in deinem Regal und der Tisch, auf dem der Rechner steht – und jetzt: nichts mehr. Einfach weg. Ohne eine Spur zu hinterlassen, ohne eine andere Identität anzunehmen, ohne Erinnerung, ohne Überreste. Stell dir vor, wie grausig es wäre, wenn Dinge verschwinden könnten, die die Gabe der realen und nicht der virtuellen Existenz erhalten haben! Das wäre schrecklich, das würde bedeuten, dass das Nichts möglich ist und wirklich wie die Existenz selbst. Das würde bedeuten, dass der Tod der Fortgang aus der Existenz wäre oder sein könnte, das würde bedeuten, dass die Welt aus purem Zufall entstehen könnte und dass es vielleicht wirklich keinen Gott gibt, und das ...« Ich hielt inne in dem Versuch, mir eine Welt vorzustellen, in der das Nichts möglich wäre und in der es deshalb keinen Sinn geben würde, und ich war tief erschrocken, dass mir eine solche Vorstellung sogar gelingen könnte. Ich keuchte und starrte Dervo an. Hätte ich nicht Angst vor pathetischen Vergleichen, würde ich sagen, dass das Schweigen wie ein Leichnam zwischen uns lag. Lange und schwer.

»Du solltest diese schwarzen Folien abnehmen«, sagte Dervo, als er das Schweigen nicht mehr aushielt, und wies auf meine Fenster. Zwei der vier Fensterflügel waren mit Folie aus schwarzen Müllsäcken bespannt, die kein Licht einließen. »In so einem Zimmer kommt man auf die merkwürdigsten Gedanken.«

»Du meinst meine Frage nach dem Nichts?«

»Deine und meine«, antwortete Dervo. »Wenn ich zurück bin, besorge ich dir Sadaka-Folien* von der UNO.« Dervo sprach ruhig und konzentriert wie immer, er saß ruhig und gegründet da, fast bewegungslos, die Hände auf dem Knie übereinandergelegt, wie immer. Doch etwas in seinem Ton verriet, wie viel Anstrengung ihn die ruhige Gefasstheit in diesem Augenblick kostete, und zeigte mir, wie unwürdig mein Wutanfall gewesen war. Auf einmal schämte ich mich, weil ich dem unschuldigen Dervo all diesen Unsinn aufgetischt hatte, ich schämte mich, weil ich völlig die Selbstkontrolle verloren hatte, ich schämte mich, weil ich meine Angst vor einem Menschen ausgeschüttet hatte, der sich mit der eigenen herumschlagen musste – und das Recht dazu hatte, viel mehr und aus viel konkreteren Gründen als ich.

»Auch du beschäftigst dich mit solchen Fragen? Das hätte ich nicht gedacht, man sieht es dir gar nicht an, du wirkst so optimistisch, oder nein, nicht mal optimistisch, einfach normal« – so versuchte ich wenigstens zu einem kleinen Teil wiedergutzumachen, was ich angerichtet hatte.

»Wir haben noch Zeit für eine Zigarette«, sagte Dervo mit einem Blick auf die Uhr und hielt mir seine Schachtel hin, die keine Aufschrift hatte. »Aber jetzt bin ich dran.«

»Keine Spur von schwarzen Gedanken, wenn man dich so sieht und hört«, beharrte ich in meinem Bemühen, etwas gutzumachen und ihn zu ermutigen, »ich meine, du siehst aus und sprichst wie immer, einfach normal.«

»Trotzdem ist es anders als sonst«, sagte Dervo.

---

* Unübersetzbares Wortspiel: Sadako Ogata, Hohe Kommissarin der UN-Flüchtlingsorganisation; sadaka (arab.): Almosen

»Irgendwie habe ich noch nie solche Angst gehabt, wahrscheinlich weil ich zum ersten Mal die Stadt verlasse. Zum ersten Mal seit Anfang April hinaus in die Welt. Zwar ins Gebirge, aber hinaus in die wirkliche Welt. Und davor fürchte ich mich fast noch mehr als vor dem Kampf. Vielleicht bin ich schon an unseren Feuerring gewöhnt, das ist nicht so schlimm. Aber vor der Welt außerhalb von diesem Ring habe ich große Angst.«

Er winkte ab und verstummte. Wieder lag Schweigen zwischen uns, aber es war nicht mehr so unbehaglich, wenigstens für mich. Nur dass ich mich immer noch schämte. Nach einiger Zeit bot ich an, wir sollten uns noch eine von meinem Tabak drehen. Das war das erste Mal, dass wir uns zwei von meinen und eine von seinen ansteckten. Mir lag sehr daran, dass er annahm, als könnte das meine Schweinerei kleiner machen. Jedenfalls würde es bedeuten, dass er darüber hinwegging, so viel wussten wir beide. Er nahm an, wir drehten uns die Zigaretten aus meinem stinkenden Tabak. Und dann redete Dervo bis zum Aufbruch über diesen Tabak, wahrscheinlich nur aus dem einen Grund, um mir zu sagen, dass zwischen uns alles in Ordnung war – irgendwelches Zeug, dass dieser Tabak nicht so schlecht wäre, wenn er weniger trocken wäre und nicht nach Mottenpulver riechen würde (welch eine Entdeckung! das hatte ich noch gar nicht gemerkt!), oder dass er sich verbessern ließe, wenn ich ihn ein paar Tage an einem feuchten Ort im Keller lagerte (wo sich in den Kellern der Stadt so wenige Tabaksüchtige ohne Tabak aufhielten!).

Ach, könnte ihn der Dank erreichen, den ich noch immer empfinde, weil er damals einfach nur drauflosgeredet hat.

Einen oder eineinhalb Monate später, Ende Februar 1993, saß Dervo wieder bei mir auf seinem Stammplatz vor dem Herd. Es war unmittelbar nach seiner Rückkehr von der Treskavica, an einem jener Tage, von denen jeder normale Mensch behaupten wird, dass sie nicht möglich sind, Tage, an denen es hundekalt ist und der Schnee nur so schüttet, obwohl vernünftige Leute ganz richtig behaupten, dass Tage, an denen es still und dicht schneit, wärmer sind als die trockenen Tage im Winter. Gerade war ich mal wieder wütend auf mich, weil ich schon morgen denselben Unsinn behaupten würde, als hätte ich nicht zahllose solcher Tage in diesem Loch verbracht, entgegen meiner eigenen Erfahrung würde ich diesen Unsinn nur deshalb behaupten, weil er so vernünftig klingt, gerade versuchte ich mir also klarzumachen, wie charakterlos es von mir war, aus Vernunftgründen und gegen meine Erfahrung zu behaupten, dass Tage, an denen es schneit, wärmer sind – als Dervo anklopfte.

Ich freute mich so sehr, dass ich von vornherein auf den Streit verzichtete, mit dem jeder seiner Besuche nach der Rückkehr von der Front begann. Natürlich hat das Wort »Streit« im Zusammenhang mit Dervo seine eigene Bedeutung. Wenn ich etwa versuchte, das Gespräch auf die Kämpfe zu lenken oder, sofern es um den Krieg allgemein ging, möglichst konkret zu werden, war Dervo darauf bedacht, über Dinge des Alltagslebens zu reden und, falls es auf den Krieg kam, möglichst abstrakt zu bleiben. Das nenne ich Streit, denn nur so kam ein Gespräch mit Dervo einem Streit gleich. Ich respektierte die Gründe, derentwegen er es vermied, über die Kämpfe zu reden, aus denen er gerade zurückkam, aber ich musste auch meine eigene Neugier respektieren, mein Bedürfnis, über diese Kämpfe etwas Greifbares und Glaubhaftes zu erfahren, denn sie betrafen unmittelbar auch mein Leben, also verfolgte ich beharrlich dieses Thema, obwohl Dervo ebenso beharrlich auswich. Vor lauter Freude darüber, dass Dervo lebend und gesund wiedergekommen war, verzichtete ich jedoch diesmal von vornherein auf das Thema – Hauptsache, ich hatte ihn lebend und gesund vor mir.

»Eine Schweinerei, dieser Krieg, Professor«, sagte Dervo zur Begrüßung. »Normalerweise würdest du jetzt wahrscheinlich rausgehen und die kurze Zeit nutzen, wo der Schnee sauber ist. Und würdest dich vergewissern, dass der Tag und die ganze Welt wunderschön sind.«

Wir sprachen über den Schnee und seine positive Wirkung auf den Zusammenhalt der Familie, beide gingen wir gern spazieren, wenn es schneite, er mit seinen Kindern, ich mit meiner Frau. Aber während des ganzen Gesprächs ließ er jene Konzentration vermissen, die ich von ihm gewöhnt war und um die ich ihn beneidete. Dervo war irgendwie anders als sonst. Viel zu froh über seine Rückkehr, fragte ich ihn nichts, um jeden Missklang zu vermeiden. Vielleicht hatte er im Kampf einen Freund verloren, und meine Frage würde an seinen Schmerz rühren, Spannungen zwischen uns verursachen und schließlich unser Gespräch blockieren. Aber dann fing er, ohne dass ich ihn gefragt hätte, von selbst an zu erzählen, was ihn erschüttert und so verändert hatte.

Sie können mir glauben, dass ich aus seiner Geschichte nichts von dem erfuhr, was mich wirklich interessiert und worüber ich gern Genaueres gewusst hätte, zum Beispiel, wie sie aus der umzingelten Stadt herausgekommen waren, wie es sich ausnahm, wieder durch die wirkliche Welt zu gehen, und sei diese Wirklichkeit nur ein schneebedecktes Gebirge, wie die Einheiten der bosnischen Armee außerhalb Sarajevos ausgerüstet waren und wie sie die vor ihnen stehenden Aufgaben bewältigen konnten. Dervos Geschichte begann am Ende, bei der heutigen Rückkehr in die Stadt, das heißt bei dem Tunnel unter der Flughafenpiste, der vor ein paar Tagen als Verbindung zur Welt eröffnet worden und durch den Dervo am Morgen gegangen war.

Sie hatten den Tunneleingang bei Sonnenaufgang erreicht, um die Tageszeit, da das Licht wie Nebel erscheint und der Nebel wie Licht, da alle Umrisse undeutlich sind und es keine Grenzen zwischen dem Möglichen und dem Unmöglichen gibt. Nur zu dieser Tageszeit und nur diesen Menschen, die einen Monat lang halb verhungert und frierend in der Schneewüste gekämpft hatten, die jetzt bis an den Rand des Erträglichen übermüdet waren, nur ihnen und zu dieser Tageszeit konnte das möglich erscheinen, was sie sahen, als sie den Tunneleingang erreichten. Sie sahen die Arche Noah oder den Limbus, jenen Ort, an dem sich die irdischen Geschöpfe versammeln werden, um auf das Jüngste Gericht zu warten. Oder sie sahen ein Filmstudio, in dem das Ende der Welt aufgenommen wurde, das heißt eine postmoderne Version der Genesis oder so ähnlich. Jedenfalls sahen sie eine Szene, die nicht von dieser Welt war.

Hunderte, Tausende Menschen drängten sich, hüpften auf einer Stelle, um sich zu wärmen, oder krochen vor der Kälte noch tiefer in sich hinein, angetan mit allem, was sie besaßen, und mit einem Teil dessen, was sie ihren Angehörigen in Sarajevo bringen wollten, übernächtigt und verwirrt, in den Händen oder neben sich auf dem Boden das, was sie draußen besorgt hatten und jetzt nach Hause schleppen wollten, um den Winter zu überstehen. Hunderte, Tausende – sagte Dervo – warteten darauf, dass der Tunnel geöffnet wurde, hofften auf das Glück, dass sie heute an die Reihe kamen, um den Durchgang zur Stadt zu passieren. Unter ihnen waren anständige Menschen, die sich, der Verzweiflung nahe, schon tagelang, seit Eröffnung des Tunnels, in der Nähe aufhielten und ausharrten, weil sie Haus, Familie und alles in der Stadt hatten, was ihnen wichtig war. Unter ihnen waren Schwarzhändler mit Luxuswaren wie Tabak und Gemüse, die sie in der Stadt teuer verkaufen konnten, denn für solche Waren fanden sich immer und überall interessierte, zahlungskräftige Kunden. Unter ihnen waren gute Menschen, die in die belagerte Stadt aufgebrochen waren, um leidgeprüften Mitmenschen für ein paar Tage beizustehen, aber auch Glücksritter auf der Jagd nach dem Abenteuer. Unter ihnen waren Sterbenskranke, die darauf hofften, in Sarajevo von einer Kugel tödlich getroffen und so von dieser Welt und ihren Leiden schnell erlöst zu werden, ohne dass sie selbst Hand an sich legen mussten, aber es gab auch solche, die in die Stadt wollten, um sich davon zu überzeugen, dass es ihnen draußen noch ganz gut ging.

All das und noch vieles andere, was im Garten Gottes wächst, drängte sich auf der kleinen Fläche um den Eingang zum Tunnel, durch den Sarajevo sich an den Rest der Welt klammerte, und man erkennt auf den ersten Blick die ausgeprägtesten Charaktertypen, man erkennt sie an dem, was sie bei sich haben, daran, was sie auf dem Leib tragen, an der Art, wie sie warten, wie sie sich eine Zigarette anzünden oder dem Nachbarn Feuer geben, wie sie sich zu anderen Menschen verhalten, ob sie Bekannte um sich haben, an gewissen, kaum sichtbaren Zeichen, die man deuten kann, wenn man zwanzig Jahre bei der Polizei war. Dervos Aufmerksamkeit wurde besonders von einem älteren Mann gefesselt, der unter dem offenen Mantel einen soliden bürgerlichen Anzug und auf den Schultern eine Ziege trug. Allen, die ihm zuhören wollten oder die so taten, als hörten sie zu, oder die ihr Desinteresse nicht deutlich zeigen mochten, versuchte er zu erklären, dass er heute unbedingt passieren musste. Er kam schon den fünften Tag her, traf immer unter den Ersten ein und ging als Letzter, immer in der Hoffnung, an die Reihe zu kommen, und immer vergebens, weil sich Jüngere, Stärkere und Geschicktere vordrängten und ihn beiseiteschoben, so wie jetzt, sie verständigten sich untereinander und nahmen keine Rücksicht auf solche wie ihn. Aber es ging darum, dass er in kürzester Frist mit der Ziege in Sarajevo sein musste, ihretwegen war er auch weggegangen, und wenn er nicht morgen mit ihr in der Stadt sein würde, hätte er weder wegzugehen noch zurückzukommen brauchen. Alles wäre sinnlos und vergebens gewesen – so viel Mühe, so viele Kosten, so viel Zeit. Glaubten die Herrschaften vielleicht, es sei heutzutage einfach, eine Ziege zu besorgen, zumal in seinem Alter? Und die Ziege würde nicht bis übermorgen durchhalten, es war schon heldenhaft, dass sie es bis jetzt geschafft hatte.

Dervo war überrascht, wie stark er auf den ordentlichen Mann im bürgerlichen Anzug reagierte. Er versuchte offensichtlich Mitleid zu erwecken, erntete jedoch nur Spott und Gelächter – er hatte sein langes Leben in Würde verbracht und wusste einfach nicht, wie man das anstellt: Mitleid erregen. Keine Ahnung, für wen er die Ziege beschafft hatte, für wen und weshalb er sich derart erniedrigte, er, Dervo, wusste nur, dass er auf einmal heftige Magenschmerzen bekam. Er empfand Scham, furchtbare Scham, weil man ihn und die anderen Kämpfer als Erste in den Tunnel lassen würde, während der anständige alte Mann zurückbleiben musste, mit der Ziege, die nicht bis morgen durchhalten würde, sosehr der Alte auch ihre Widerstandskraft lobte. Dervo konnte ihn mit seiner Zivilkleidung und seiner Ziege nicht unter die Kämpfer schmuggeln, und er wusste, dass er, so vornehm und alt, auch heute nicht an die Reihe kommen würde. Und er wusste, dass die kostbare Ziege bis morgen tot sein würde. Und dann wäre, wie der alte Herr gesagt hatte, alles sinnlos und vergeblich gewesen. All das wusste Dervo und schämte sich wie ein Hund, nein, schlimmer, weil er all das wusste, all das sah und vor seinen Augen geschehen ließ, ohne dass er etwas tun konnte.

Da tauchten im Eingang des Tunnels die ersten Menschen auf, die Sarajevo verließen. Verwundete und Kranke, denen in den Kliniken der Stadt nicht geholfen werden konnte und für die es anderswo Hoffnung gab, dann einzelne Zivilisten mit Passierscheinen, zuletzt Gruppen von Zivilisten, offensichtlich Familien, die aus Sarajevo wegwollten. Ganz am Ende der Kolonne, vielleicht als Fünft- oder Sechstletzte, kam eine Frau mit einer Tischlampe. Einer jener kleinen Tischlampen mit grünem Schirm, wie man sie meist in Kinderzimmern sieht, und mit dieser Lampe und ihrem Schirm, den Dervo aus irgendeinem Grund *abat-jour* nannte, vollbrachte die unbekannte Frau eine wahrhaft gute und edle Tat – sie verwandelte die in ihm aufgestauten Gefühle der Scham, der Angst und des Schmerzes mit einem Schlag in Wut und Hass, die Dervo nun einzig und allein auf sie richten konnte. Aus Gründen, die ihm klar sein mögen, aber mir natürlicherweise verborgen bleiben müssen, sah Dervo in der Tischlampe und ihrem grünen Schirm, das heißt in der Tatsache, dass jemand diese Lampe herausbrachte (rettete!, wie er sagte), darin also sah Dervo ein untrügliches Zeichen dafür, dass Sarajevo starb, und darum richtete sich gegen die Trägerin dieses Zeichens alle negative Energie, die in ihm aufgekommen war, seit er versuchte, die Stadt zu verteidigen. Ich weiß nicht, welchen Sinn Dervo der Tischlampe beimaß, ich kann es nicht einmal vermuten, ich weiß auch nicht, welche symbolische Funktion der kleine grüne Schirm für ihn haben mochte, geschweige denn, was für Erlebnisse und Erinnerungen (Empfindungen) für ihn mit Tischlampen verbunden waren, aber ich weiß, da ich meinen Freund kenne, dass er die Frau, die diese Lampe mit dem grünen Schirm durch den Tunnel getragen hatte, aufrichtig und aus tiefstem Herzen hasste. »Aus einer Stadt, an der dir liegt, kannst du keine Lampe mitnehmen«, sagte er zähneknirschend und buchstäblich zitternd vor Zorn, der ihn zu überwältigen drohte. »Geh, wenn du es nicht mehr ertragen kannst, niemand hält dich zurück, niemand hat das Recht dazu, aber die Lampe lässt du gefälligst dort, zum Teufel!«

Für mich sind Lampen nicht mit besonderen Emotionen oder Erinnerungen verbunden, und ich weiß auch nicht, ob man ihnen einen Symbolwert beimessen kann, doch ich weiß, dass meine Frau sie nicht mag, weil nach ihrer Meinung keine Lampe einen Raum gut genug beleuchten kann, damit er behaglich und ordentlich wirkt, und ich weiß auch, dass eine Lampe kaum von Nutzen sein kann in einer Stadt, wo man schon vergessen hat, was elektrischer Strom ist. Dennoch teilte ich Dervos Wut und Hass auf die Unbekannte, die mit der Lampe aus dem Tunnel kam. Weshalb, mein Gott!? Ich weiß es nicht, mir ist nur klar, wie unsinnig meine Reaktion war, mir ist sehr wohl klar, was für ein schlechtes Bild ich abgebe, aber ich muss gestehen, dass ich die fremde Frau nicht ausstehen kann, ich kann ihr nicht verzeihen, dass sie die Stadt dieser Lampe beraubt hat. Auch heute noch empfinde ich es unsinnigerweise so, dass die Stadt viel weniger schön ist, dass sie viel verloren hat, seit ihr die kleine Tischlampe mit dem grünen Schirm genommen wurde.

Während er durch den Tunnel ging und sich die Zivilistenkolonne vorstellte, die mit Munition und Lebensmitteln hinterherkam, mit warmer Kleidung und Medikamenten, Heizmaterial und Getränken, mit allem, was die Stadt zum Überleben brauchte, aber auch mit Luxusartikeln, nach denen die neuen Reichen verlangen, um eine Elite zu werden, hatte Dervo etwa auf halbem Weg, wenn er es richtig einschätzte, eine Art Vision, eine Erleuchtung, die ihm half, unsere Situation zu begreifen. Aus der Stadt wird alles Wichtige hinausgebracht, alles, woran Liebe, Erinnerung und Sinn hängt, und hereingebracht wird nur das, was das nackte Überleben sichert oder zum Statussymbol taugt. Selbst um diese Nichtigkeiten hineinzuschaffen, muss man unter die Erde kriechen, rief Dervo wie in Trance. »Und darum ist da, wo wir leben, nicht die wirkliche Welt, Professor, das sag ich dir«, brüllte Dervo und hieb mit der Faust auf den Boden, als wollte er kontrollieren, ob er noch vorhanden war. »Sarajevo hängt durch seinen beschissenen Tunnel an der Welt wie ein Fötus durch die Nabelschnur an der Mutter«, fuhr er fort, als er sich etwas beruhigt hatte und wieder Worte fand. »Aber was ist das für ein Fötus und was für eine Nabelschnur, die durch die Unterwelt führt? Mensch, wir sind auf einem Schiff mitten auf hoher See, aber wir fahren nicht, weil irgendein Idiot den Anker geworfen hat. Oder wir selbst haben ihn absichtlich geworfen, aus irgendeinem Grund mussten wir auf hoher See Anker werfen, und inzwischen haben wir den Anlass vergessen oder können den Anker nicht mehr lichten.«

Ich hoffte schon, der Vergleich mit dem Schiff würde ihn wieder auf das Tauchen bringen oder ich könnte durch eine Frage zu diesem Thema überleiten, das einem schwarzen Tag, wenn auch nur sehr indirekt, einen schwachen Freudenschimmer verleihen würde. Doch bevor ich etwas sagen konnte, rief er, dass irgendjemand mit uns experimentierte, er sei sich dessen absolut sicher, er habe es etwa in der Mitte des Tunnels begriffen, als ihn ein goldener Regen, ein Lichtschein und ein Glücksgefühl umflossen wie in einem unvergleichlichen Rausch. Aber im selben Augenblick, als ihn der schöne Rausch emportrug und weit machte, habe er begriffen, dass jemand ein Experiment mit uns durchführte. Er mochte mir diese Erfahrung nicht schildern, das lasse sich nicht erzählen, weil darin viel Licht gewesen sei, schrecklich viel Licht, eine unglaubliche und unerträgliche Lichtfülle, ein flutartiger goldener Regen ... Das könne man nur selbst erleben, das lasse sich nicht schildern und anderen nahebringen, nur jene Stimme, die von überall her gekommen sei, die aus ihm selbst gekommen sei, eine Stimme, die *Gebäre!* rief und alles durchströmte.

»Aber es ist klar, dass irgendjemand ein Experiment mit uns durchführt, er versetzt uns probeweise in verschiedene Umstände und beobachtet, wie wir uns in den einzelnen Phasen verhalten«, betonte Dervo, nachdem er sich von dem Versuch erholt hatte, mir die Tiefe und Macht seines unterirdischen Erlebnisses zu erklären, das ganz außerordentlich, ein *tremendum et fascinosum* gewesen sein musste.

Ich aber wurde bei seiner Behauptung, dass irgendjemand ein Experiment mit uns durchführe, buchstäblich von den Geräuschen des Wiener Cafés im Hotel »Europa« überschwemmt, mein Rücken spürte den roten Plüsch, mit dem das Sofa an der linken Wand zwischen den beiden Fenstern gepolstert war, den gleichen Plüsch, aus dem auch die halbrunde Portiere vor der Tür zu den diskreten Räumen gemacht war. Aus dem tiefen Brunnen der Erinnerung tauchte das Gesicht des Kellners Emin auf, bei dem ich jedes Mal *baklava* oder *tufahija* bestellte, nur damit er mir stolz erläuterte, dies sei das renommierte Hotel »Europa«, das alle denkbaren Torten von Spitzenqualität führe, aber wenn der Herr eine *baklava* wünsche ... hm ... die gebe es zwanzig Schritt weiter in der Baščaršija. Auch das Gesicht meines Freundes Albert Goldstein tauchte auf – asphaltiert mit dem Teer zahlloser Tonnen gerauchten

Tabaks –, seine Stimme, in der sich Müdigkeit und Nervosität so unnachahmlich mischten, sein Vortrag zum Thema der bronzenen Schatten, die auf uns fallen, wie Regen und Gottes Gnade auf längst vergangene Menschen gefallen sind.

»Schon wieder Bronzefiguren?«, fragte ich zusammenhanglos.

»Ich weiß nicht, was für Figuren, aber dass sie groß sind und uns verarschen, das weiß ich genau«, antwortete Dervo.

Und da stieß ich wieder mit Dervo zusammen, mit seiner konzentrierten Ruhe, die die äußere Welt nur wahrnahm, soweit sie ihn und seine Familie berührte, ich stieß in mir auf jene Mischung aus Neid, Wut und Verachtung, die jedes Mal hochkam, wenn ich meine Unruhe und Angst mit Dervos Gelassenheit messen musste, ich stieß mit dem zusammen, was ich die dunkle Seite meiner Freundschaft mit ihm nannte. Ich biss mir auf die Zunge, um nicht etwas auszusprechen, wofür ich mich später hätte schämen oder Reue empfinden müssen. Es tat schrecklich weh und tat doch auch wohl. Kein Albert mehr, keine verschwommene Sehnsucht nach den Gesprächen mit ihm, kein Neid und keine Scham, nichts mehr von dem, was selbst durch seine Abwesenheit bedrückt … da war der Schmerz, der gute, wirkliche und ganz konkrete Schmerz in der Zunge, ein durchdringender Schmerz, auf den ich mich völlig konzentrieren konnte wie Dervo auf seine Probleme.

»Wir reden und reden, und dabei hab ich vergessen, weshalb ich hergekommen bin.« Dervo riss mich aus dem Nachdenken über die guten Seiten des physischen Leidens.

»Vermutlich, um deinen Freund zu sehen und ihm zu zeigen, dass du gesund und munter bist«, murmelte ich.

»Das ja, natürlich, aber auch dienstlich. Das heißt dienstlich im freundschaftlichen Sinne. Ich meine, dass du ihr hilfst, dass du zu uns ins Revier kommst und mit ihr redest, darum wollte ich dich bitten. Ich führe dich nicht ab, du kommst freiwillig mit, sie ist deine Freundin«, erläuterte Dervo so unklar wie weitschweifig.

»Wem soll ich helfen? Wem könnte ich auf dem Polizeirevier nützen?«

»Deiner Freundin, die du letzten Sommer zu uns gebracht hast, ich glaube, sie heißt Sara«, antwortete Dervo im Aufstehen.

Heute gegen elf Uhr sei Sara an der Ecke Triester-Kranjčević-Straße aufgetaucht, also an der berüchtigten Kreuzung der Heckenschützen, über die viele Leute nicht einmal zu rennen wagten, sie sei dort lange umherspaziert, alle paar Schritte stehen geblieben und habe sich buchstäblich als Zielscheibe angeboten. Die Polizisten, die ihn auf sie aufmerksam gemacht hatten, erzählten, das wiederhole sich schon seit sicher zehn Tagen, aber der Heckenschütze wolle sie einfach nicht, so wenig wie die vielen anderen, die sich in ihrer Verzweiflung offen anboten. Sie reizte ihn wohl nicht. Zweimal habe man sie ins Revier gebracht, sie freundlich verwarnt, aber vergeblich.

Dervo hätte sich wegen der einsamen Spaziergängerin nicht aufgeregt, hätte er in ihr nicht meine Freundin wiedererkannt, so aber hatte er zwei Mann losgeschickt, um sie ins Revier abzuführen. Er hatte versucht, mit ihr zu sprechen, sie nach den Gründen ihrer Todessehnsucht gefragt, und als er im Guten nicht weiterkam, drohte er ihr, erklärte, sie sei festgenommen, und wollte wissen, wen er benachrichtigen solle. »Niemanden«, habe die Frau geantwortet. »ich habe niemanden mehr auf der Welt. Und niemand hat mich – hoffe ich wenigstens.«

So hat sich Sara auch in meine Freundschaft mit Dervo eingemischt, sie hat zwei Menschen, zwei Freundschaften und zwei Erfahrungen miteinander verbunden, wofür ich meinem Schicksal dankbar bin. Zu meinem Kummer erschien sie zu spät, an dem Tag, an dem wir sie verlieren sollten.

2

Unterwegs zu Sara

Sara habe ich etwa zur selben Zeit kennen gelernt wie Dervo, vielleicht zehn Tage später, sagen wir Ende Juli 1992. Diese Bekanntschaft verdanke ich meinen guten Beziehungen zu einigen katholischen Geistlichen, einem Verwandten, der an der Zahnmedizinischen Fakultät arbeitete, den Zahnschmerzen eines Nachbarn, dem Bier und dem Krieg.

Ende Juli suchte ich diesen Verwandten auf, einen Professor für Zahnmedizin, um einen Termin für meinen Nachbarn Damir zu vereinbaren, dem ein gewöhnlicher Zahnarzt nicht mehr helfen konnte. Als ich ihn gegen ein Uhr verließ, traf ich vor dem Fakultätsgebäude Dubravko Horvatin, einen äußerst sympathischen jungen Prothetikassistenten, den ich ein paar Jahre zuvor kennen gelernt hatte, als sein Professor eine Zahnprothese für mich anfertigen ließ. Auch später hatte ich mich stets gefreut, ihn zu sehen, wegen der unschuldigen Heiterkeit, die er ausstrahlte. Ein paar Schritte von mir entfernt hob er einen Zwei-Liter-Kanister hoch, streckte ihn mir entgegen und schrie aus Leibeskräften: »Bier!« Dann lachte er kurz auf und fuhr mit normaler Stimme fort: »Was würden Sie sagen, Professor, wenn ich Ihnen mitteilte, dass das hier tatsächlich Bier ist, echtes Bier, fast wie vor dem Krieg!«

Ein paar Tage zuvor war in Sarajevo das Gerücht aufgekommen, die städtische Brauerei habe mit der Produktion von Bier begonnen, das, wie einige meiner Freunde behaupteten, gar nicht so übel sei. Dubravko als ungeduldiger junger Mann musste natürlich alles darüber in Erfahrung bringen und als einer der Ersten das Sarajevoer Kriegsbier probieren. Und jetzt brannte er darauf, irgendjemandem zu erzählen, was er alles über das Bier erfahren hatte, wie es zu beschaffen war und wie er es beschafft hatte (natürlich hatte er sein Bier auf besonders dramatische Weise aufgetrieben), und vor allem brannte er darauf, jemanden zu finden, mit dem er diese zwei Liter trinken konnte, denn der Genuss würde nur vollkommen sein, wenn er vor Zeugen beziehungsweise mit ihnen stattfand. Ich war gern bereit, Dubravkos Zeuge und Trinkgenosse zu sein, also gingen wir auf sein Zimmer.

Ich kann Ihnen versichern, dass das Bier ziemlich gut war. Dubravko wusste natürlich alles, was man vom Bier, seiner Herstellung und dem ganzen Drumherum wissen musste (das entspricht wohl der Natur eines echten Assistenten), er erzählte davon voller Begeisterung, und ich bemühte mich, so auszusehen, als hörte ich aufmerksam zu. Abgesehen von Dubravkos gelegentlichen Aufschreien und dem Anblick der Regale voller Gipskiefer, Schädel, Zähne und anderer Requisiten, die in anständigen Menschen Empfindungen des Schmerzes und der Angst hervorrufen, war es ganz angenehm, zu schweigen und seinem Bericht zu lauschen. Einiges verstand und merkte ich mir sogar, zum Beispiel, dass alle Direktoren der Brauerei seit Österreich bis heute darauf bestanden hatten, ihren eigenen Brunnen mit der starken Quelle hervorragenden Wassers zu erhalten und zu pflegen, sodass die Brauerei jetzt nicht nur Bier herstellen, sondern auch etwas Wasser für die Bürger abzweigen konnte, was sich als ungeheures Glück erwies. Auch herrschte kein großer Andrang, weil man Gefäße mitbringen musste, die Leute aber ihre Flaschen und Kanister lieber zum Wasserholen nutzten. Schließlich merkte ich mir auch die Erklärung, dass unser Bier alles enthielt, was ein Bier enthalten musste, und dass es insofern tatsächlich echtes Bier war, dem nur ein paar geringfügige Kleinigkeiten fehlten. Ein Problem sei eigentlich nur das Fehlen von Konservierungsstoffen, weshalb man unser Bier nicht lagern durfte, sondern noch am selben Tag trinken musste, damit es nicht verdarb. An dieser Stelle wollte ich protestieren, weil ich nicht einsah, wo das Problem liegen sollte – hier und heute konnte es nur von Gewinn sein, sich menschlich und würdig an so viel Bier zu betrinken, wie man an dem Tag hatte auftreiben können. Aber ich protestierte nicht, ich mochte die Harmonie der Welt an diesem wunderschönen Tag nicht stören.

Der Tag war bis jetzt ungewöhnlich ruhig gewesen, seit dem Morgen hatte man nur ein paar Granaten und einen kurzen Schusswechsel aus dem Pioniertal gehört, sodass wir die sommerliche Wärme, die Gespräche und andere Wohltaten unseres Daseins auf der Welt genießen konnten. Es war einer jener hellen Tage, die man erlebt haben muss, um zu begreifen, wie es möglich ist, dass jemand Sarajevo schön finden und sogar lieben kann. Solche Tage gibt es meist im Frühherbst, aber auch im Sommer und, wenn auch höchst selten, im Frühjahr. (Nirgendwo sonst habe ich so einen Tag erlebt, und ich frage mich, ob er anderswo überhaupt möglich wäre, das heißt, ob es noch sonst irgendwo diese besondere Konstellation gibt – von der trockenen Luft über die Konfiguration der Berge bis zum Einfallswinkel der Sonnenstrahlen und den Farben des Bodens und der Vegetation. Dies zu erleben lohnt sich, wegen eines solchen Tages lohnt es, einen Teil seines Lebens in Sarajevo zu verbringen.)

Vom frühen Morgen an wirkt die Stadt, als schwimme sie im Licht. Dieses Licht kommt nicht von der Sonne, ihre Scheibe ist zwar da und am Himmel gut zu sehen, aber eher als Schmuck, um das Blau des Himmels zu betonen (das an solchen Tagen viel dunkler ist als sonst), denn als Quelle aller Helligkeit. Als würde an solchen Tagen das Licht von überall her aus unsichtbaren Quellen in den Talkessel von Sarajevo fließen und die Abhänge der Berge ringsum bedecken und das Flussbett der Miljacka zum Schäumen und alles Existierende zum Strahlen bringen, sodass die Stadt ihre Schwere verliert, vom Boden abhebt und zusammen mit dem Talkessel, den Gebäuden, den wenigen Bäumen und übrig gebliebenen Türmen im Licht schwebt. Von diesem Licht wird die Luft wie Kristall, nicht nur rein und klar, sondern buchstäblich kristallen, sodass sie die Sicht nicht nur ermöglicht, sondern verbessert. Durch einen Kristall sehen Sie viel weiter und besser, und wenn ein Kristall so voller Licht und so rein ist wie die Sarajevoer Luft an solchen Tagen, sehen Sie so gut und weit, dass Sie die Formen und Farben sehr ferner Dinge sozusagen in sich spüren. Und alles um Sie her, jedes Ding und jede Gestalt, erhält eine wunderbare Klarheit, jene Klarheit, würde ich sagen, die der heilige Paulus in der neuen Zeit, die dank der Wahrheit und des Glaubens auf uns kommen wird, verheißen hat.

Ich weiß nicht mehr, welcher griechische Philosoph

behauptete, dass wir die Dinge dank ihrer Strahlung sehen: Jedes Ding strahlt seine Farbe und Form aus, seine Identität, und diese Strahlen ermöglichen dem Auge, das Ding zu sehen und zu erkennen. Ich habe vergessen, wie der alte Grieche hieß, der das behauptete, aber ich bin sicher, dass er im Talkessel von Sarajevo gewesen ist, denn nur hier und nur an einem solchen Tag konnte eine so schöne und so unmögliche Lehre entstehen, nur hier war die Welt so wie die von ihm beschriebene an solchen seltenen hellen Tagen wie dem heutigen. Das sind Tage, an denen die Schatten anders aussehen, weil das Licht von überall her kommt, das sind Tage, an denen niemand den Schatten sucht, weil keine Hitze herrscht und alle Dinge wunderbar selbstgenügsam und mit sich identisch sind, das sind Tage, an denen es nicht nötig und nicht möglich ist, sich zu verstecken, weil die wunderbare Klarheit auf die Menschen übergeht.

Wir saßen in Dubravkos Zimmer zwischen den Kiefern aus Gips, er redete, und ich genoss diesen hellen Tag, wir spürten beide, wie stark schon die relativ kleine Menge Bier auf uns Unterernährte wirkte. Es kam zwischen uns zu jener trunkenen Nähe, die aus zwei Menschen, die einander kaum kennen, Freunde macht, jener Nähe, die auch ganz unaufrichtige Menschen empfinden, wenn sie halb betrunken sind, jener klebrigen Wärme, in der Liebe und Alkohol gleichermaßen anwesend, wirklich und vorübergehend sind. Dubravkos hohe und sehr helle Stimme, die mir bisher einen Überschuss an weiblichen Hormonen und eine Neigung zur Hysterie anzuzeigen schien, störte mich jetzt nicht mehr, sondern fügte sich vollkommen ein in diesen von Licht und Harmonie erfüllten Tag. Dubravko war ja alles in allem ein prächtiger Kerl, jemand, mit dem man Freund sein konnte. Andernfalls wären die gewaltigen Unterschiede zwischen uns, Unterschiede in Alter und Lebenserfahrung, sozialer Stellung und aktueller Lebenssituation, also all das, was uns trennte und unsere Beziehung bis dahin auf eine korrekte und distanzierte beschränkt hatte, all das wäre, wie gesagt, nicht so schnell verschwunden, gleichsam zusehends dahingeschmolzen, damit ich Dubravko als einen zwar viel jüngeren, aber mir sehr nahestehenden Menschen entdecken konnte.

»Wie finden Sie das Bier, Professor?«, fragte er nach seinem langen Bericht über den spektakulären Weg, auf dem er an die zwei Liter Bier gelangt war.

»Ich glaube, wir können stolz darauf sein, dass in unserer Stadt so ein Bier gebraut wird«, antwortete ich. »Für diese Entdeckung bin ich Ihnen aufrichtig dankbar, lieber Dubravko.«

»Es ist wirklich gut, im Ernst«, sagte Dubravko erfreut. »Aber das Beste ist, dass ich gerade Sie getroffen habe. Ich kann Ihnen gar nicht sagen, wie froh ich bin, dass ich gerade mit Ihnen dieses Vergnügen teilen kann.«

Danach rühmten wir den Zufall, der uns ausgerechnet vor der Fakultät zusammengeführt hatte, zwanzig Schritt weiter hätten sich die Dinge nicht so entwickeln können; wir würden uns nun etwas besser kennen lernen, nachdem uns schon beiderseitige Sympathie verband; danach schlug ich vor, zum Du überzugehen, was Dubravko »mit Freude, Stolz und Dankbarkeit« annahm. Und dann tranken wir noch ein bisschen, das heißt, wir leerten den Rest, sodass das Bier im besten Augenblick zur Neige ging – als wir uns nahe genug waren, um Freunde zu werden, aber gleichwohl noch hinreichend nüchtern, um Dummheiten zu vermeiden, deren wir uns später hätten schämen müssen und die unsere Freundschaft hätten zerstören können.

»Nein, nein«, erklärte ich feierlich nach dem letzten Schluck, »eine Stadt, in der so gutes Bier gebraut wird, war und ist auch ein guter Ort zum Leben.«

»Einverstanden, aber ich werde ihn demnächst verlassen«, sagte Dubravko und wischte sich mit dem Handrücken den Mund ab.

»Wie jeder vernünftige Mensch«, stimmte ich zu.

»Das ist ja gerade mein Problem – all die vernünftigen und wunderbaren Menschen mit den unvernünftigen Namen.« Dubravko seufzte und schlug sich mit der Faust aufs rechte Knie.

Als ich fragend die Schultern hob, fuhr er fort: »Du zum Beispiel.«

»Ich halte ihn nicht für wunderschön, aber auch nicht für so besonders dumm«, erklärte ich, nachdem ich meinen Namen mehrmals in verschiedenen Tonlagen laut ausgesprochen hatte, als wollte ich seine Vernünftigkeit vor Dubravko demonstrieren.

»Wieso denn nicht!? Hättest du einen vernünftigeren Namen, könnte ich dich ohne Probleme hier rausbringen«, sagte Dubravko erbittert.

Da ich einfach nicht begriff, weihte mich Dubravko in die Geschichte mit den vernünftigen Namen ein.

Vor etwa zehn Tagen hatte er über die »Ärzte ohne Grenzen« einen Brief von seinem Professor bekommen, der schon seit April in Zagreb bei seinem Bruder war, einem angesehenen und den dortigen Machthabern sehr nahestehenden Arzt. Dank diesem Bruder war Dubravkos Professor an die dortige Fakultät berufen worden und sollte Ende September mit den Vorlesungen beginnen, und das bedeutete, dass Dubravko nur promoviert werden würde, wenn es ihm gelang, mitsamt seiner Dissertation aus Sarajevo herauszukommen. Er, der Professor, könne dank seinem Bruder bei der Realisierung dieses scheinbar aussichtslosen Unternehmens nützlich sein, stand in dem Brief (»Dein Professor ist nur noch der Bruder seines Bruders«, bemerkte ich an dieser Stelle, worauf Dubravko rief, sein Professor sei in jeder Hinsicht ein wundervoller Mensch, und den Blick auf den Brief senkte, den er abwechselnd vorlas und nacherzählte). Der hoch geschätzte Bruder des Professors war nämlich mit einer Bosnierin verheiratet, die in Sarajevo eine Schwester und eine Nichte hatte. Da die Frau des Bruders um jeden Preis ihre Schwester und deren Tochter aus Sarajevo herausholen wollte, da der hoch geschätzte Bruder den Wunsch seiner Frau erfüllen musste oder wenigstens dazu bereit war und da er große Macht hatte, bot sich dem Professor die Möglichkeit, seinen Assistenten Dubravko zu retten und nach Zagreb zu bringen. Er hatte seinem Bruder vorgeschlagen, dass sich um die Ausreise der beiden Damen besagter Dubravko kümmern solle, der geschickt genug sei, alles Notwendige gut zu erledigen, und sicherlich auch bereitstünde, diese Erfordernisse auf sich zu nehmen und die Damen vor allen Gefahren zu schützen, die mit der Vorbereitung der Ausreise verbunden waren. Die Vorbereitungen bestanden darin, dass er in der Vorstadt Stup einen gewissen Barić aufzusuchen hatte, einen Vertrauensmann der kroatischen Machthaber für Sarajevo, um ihn von dem hoch geschätzten Bruder zu grüßen und ihm dessen Bitte zu übermitteln.

Vorgestern war Dubravko bei jenem Vertrauensmann gewesen, hatte ihm die Grüße ausgerichtet, gefragt, ob sein Wunsch erfüllbar sei und ob er, Dubravko, dabei helfen könne. Barić war durch die Grüße aus Zagreb sichtlich bewegt (»Das ist ein absolut schleimiger Typ, Professor, ein richtig widerlicher Schleimer«, versuchte Dubravko mir Barić zu beschreiben, und da ich mindestens so viel getrunken hatte wie er, verstand ich, was er sagen wollte, und der schleimige Barić stand klar vor meinem geistigen Auge). Barić war sehr gerührt von den Grüßen aus Zagreb und versicherte, dass es hinsichtlich einer Ausreise aus Sarajevo keine Probleme geben dürfte, wenn die Ausreisewilligen auf teure Autos verzichteten (»Wenn Sie ein teures Auto fahren, könnte es gewisse Probleme geben, aber nicht Ihretwegen, sondern des Autos wegen«, hatte Barić erklärt). Notwendig und unumgänglich sei einzig ein gültiger Taufschein für alle Ausreisewilligen, ohne ihn brauche man an einen Fortgang gar nicht zu denken. Na gut, vielleicht wäre es irgendwie möglich, wenn er, Barić, sich bei der Partnerseite speziell dafür verwendete, dass die Ausreisewilligen auch ohne Taufschein herauskommen dürften, wenn sie einen einwandfrei akzeptablen Namen hatten, aber viel besser wäre es, mit der Taufurkunde von einer der Schwesterkirchen zu kommen. Er, Barić, sei bereit, sich bei seinen Freunden auf der Partnerseite speziell für die Menschen einzusetzen, um die sich der Herr Doktor aus Zagreb bemühe, aber er könne einfach nicht glauben, dass solche Menschen Probleme wegen einer Taufurkunde haben sollten.

Als Dubravko einräumte, er verstehe die ganze Geschichte mit den Taufscheinen und den Namen nicht, belehrte ihn der liebenswürdige Barić, wobei er sich bemühte, diese Belehrung »volkspolitisch« (sein Ausdruck) fehlerlos zu erteilen. Die kroatische und die serbische Armee hatten keinen Grund mehr, ihre Zusammenarbeit geheim zu halten, seit die Einzelheiten der Grenzziehung festgelegt waren, man wartete nur noch auf einen politisch günstigen Augenblick, um sie publik zu machen. Bis dahin musste sie inoffiziell, fast konspirativ ablaufen, wie Dubravko gerade sehen konnte. Er, Barić, und Herr Rajić aus Kiseljak kooperierten schon die ganze Zeit reibungslos und überaus freundschaftlich mit der serbischen Partnerseite, nach Lust und Laune schafften sie alles, was ihnen gerade in den Sinn kam, nach Sarajevo hinein oder wieder heraus, sie ließen nach Gutdünken ein- und ausreisen – wenn das, was hereinkam und hinausging, für beide Seiten annehmbar war. Und wie es unter Freunden nun mal so sei: Im Grunde waren es dieselben Dinge, die beide Seiten billigen oder absolut nicht billigen konnten. Für uns wie für sie sind saubere und loyale Leute akzeptabel, die wissen, wohin sie gehören, wobei natürlich uns die unsrigen und ihnen die ihrigen lieber sind, trotzdem dulden wir sie. Aber völlig unannehmbar für uns wie für sie sind die Muslime und diese Multinationalen, die nicht wissen, zu wem sie gehören und wo ihr Platz ist. Darum haben wir mit der Partnerseite vereinbart, dass der Taufschein eine unerlässliche Bedingung für die Passage ist – wenn man eine eindeutige Zugehörigkeit hat, dann bekommt man von seiner Kirche den Taufschein, egal ob man rechtzeitig, das heißt gleich nach der Geburt, getauft worden ist oder sich erst jetzt, mit einer, sagen wir, gerechtfertigten Verspätung, taufen lässt. Aber wer keine Taufurkunde bekommen kann oder will, der ist ein Muslim oder so ein Multinationaler, ein unklarer und unzugehöriger Mensch, der für normale Leute unannehmbar ist.

»Darum ist dein Name nicht vernünftig, dir ist klar, dass nicht vernünftig sein kann, was unannehmbar ist, der Typ hat es zweimal betont«, jammerte Dubravko scheinbar im Scherz, dann rief er nach kurzer Pause: »Aber er hat frischen Käse, du hast keine Ahnung, was für einen Käse ich vorgestern bei Barić gegessen habe! Jetzt nach dem vielen Bier käme uns ein bisschen davon gerade recht.«

Selbst in meinen trüben Kopf drang die wichtigste Information aus Dubravkos überlangem Bericht – Menschen mit akzeptablem Namen und einer Empfehlung von Barić konnten die Stadt verlassen, und meine Frau hatte einen ganz akzeptablen Namen. Wenn wir über meinen Freund Dubravko eine Empfehlung erwirken konnten … Einen Taufschein zu beschaffen war kein Problem, ich hatte unter den katholischen Priestern ein paar echte Freunde und stand mich relativ gut auch mit denen, die nicht gerade meine Freunde waren.

Dubravko war begeistert: Wenn sie wirklich Freunde waren, würden sie auch für mich einen Taufschein auf einen anderen Namen ausstellen, und er, Dubravko, würde es übernehmen, die anderen erforderlichen Dokumente auf diesen Namen zu besorgen, sodass wir uns alle zusammen retten konnten. Er würde jemanden finden, der zu erschwinglichen Preisen Dokumente fälschte; wenn er schon Bier in einer Stadt ohne Brot aufgetrieben und seine Dissertation unter den mir bekannten Umständen fertig gestellt hatte, dürfte es für ihn auch nicht mehr besonders schwer sein, einen guten Fälscher ausfindig zu machen.

»Bedauerlicherweise bin ich kein Bier, lieber Freund«, antwortete ich. »Ich sage nicht, dass ich so kostbar bin wie Bier, schon gar nicht so gut wie unseres, ich sage nur, dass ich kein Bier und nicht mehr in dem Alter bin, wo man sich seinen Namen aussuchen kann. Eigentlich schade. Aber für meine Frau ist es wichtig, ich wäre dir sehr verbunden, wenn du mir helfen würdest, sie zu retten.«

»Keine Frage! Natürlich helfe ich, das schaffen wir schon, morgen gehe ich zu Barić, um die Sache zu klären«, rief Dubravko aufgeregt, dann versuchte er wieder zu scherzen, um seine Unruhe zu verbergen. »Wenn du wüsstest, was für einen Käse ich bei ihm gegessen habe! Dann wärst du dir sicher, dass ich unter jedem Vorwand zu diesem netten Menschen gehen würde. Aber wie könnte ich dich hier zurücklassen, mein Gott, ich könnte mich über meine eigene Rettung nicht freuen, wenn ich wüsste, dass du allein hier zurückbleibst.«

»Keine Sorge, ich werde Bier trinken, auf deine Rückkehr warten und froh sein, dass die Frau, die ich liebe, in Sicherheit ist«, versuchte ich Dubravko zu beruhigen, der mich in meinem angetrunkenen Zustand durch seine Hilfsbereitschaft wirklich rührte. »Es ist großartig zu wissen, dass dich irgendwo jemand liebt, im Ernst. Wenn ich weiß, dass sie in Sicherheit ist und mich liebt, dann sieht auch hier alles ganz anders aus.«

»Wie enge Freunde sind das denn, deine Priester? Meinst du, sie würden für uns alle die Taufscheine ausstellen?«, fragte Dubravko nach kurzem Nachdenken. »Wenn die wichtige Schwester, die wir rausbringen sollen, nicht getauft ist und ihre Tochter auch nicht, würde es viel Zeit und Mühe kosten, für uns alle diese Taufen zu organisieren.«

Ich war fast sicher, dass meine geistlichen Freunde dazu bereit sein würden, zumindest nicht weniger sicher, als es Dubravko hinsichtlich Barićs Bereitschaft war, bei der Ausreise meiner Frau mitzuwirken. So viel Sicherheit war nicht wenig in diesen Zeiten. Der Optimismus beflügelte uns derart, dass mein Schluckauf verschwand und Dubravko mit Schreien aufhörte (erst jetzt fiel mir auf, dass er seit dem ersten halben Liter Bier wie ein Verrückter auf mich einbrüllte), wir waren vor Vertrauen und Hoffnung fast nüchtern. Schnell machten wir einen Aktionsplan, das heißt, wir sichteten einen Plan, der sich von selbst geformt hatte.

Derart beflügelt, beschlossen wir, sofort zu der Schwester zu gehen, die mit ihrer Tochter aus der Stadt gebracht werden sollte. Ich war bereits in die ganze Geschichte einbezogen, war ein Teil von ihr geworden, nun hatten wir uns entsprechend zu verhalten.

Draußen herrschte noch immer Stille, so schön und friedlich, dass man in der Ferne einen Hund bellen hörte. Es war später Nachmittag, vermutlich zwischen vier und fünf. Am Sonnenlicht, das heißt an seiner Intensität oder Beschaffenheit, konnte man es nicht sehen, denn Sarajevo schwamm noch immer in diesem gesegneten und gleichmäßigen Licht wie um eins, als Dubravko und ich sein Zimmer betraten, oder gegen zehn, als ich mein Haus verlassen hatte, und in dem es noch lange, bis tief in den Abend hinein, schwimmen würde. Nur an der nachmittäglichen Frische und den verlängerten Schatten konnte man ablesen, dass der Tag vorangeschritten war und bald an sein Ende gelangt sein würde.

Obwohl es ganz ruhig war, nahmen wir nicht die

König-Tomislav-Straße. Oder haben wir diesen kürzesten und nächstliegenden Weg gemieden, weil es den ganzen Tag so ruhig gewesen war? (Längst hatte ich bemerkt, dass auch andere Menschen an ruhigen Tagen vor breiten und offenen Straßen zurückscheuten.) Durch das Netz von engen Gassen, für die in Sarajevo alle Baumeister und alle Machthaber eine Vorliebe hatten (ob der Untergrund es notwendig machte oder – wie in der Ebene – gerade nicht: In den Siedlungen an den Berghängen, in den Siedlungen auf den Berggipfeln, in den orientalischen, mitteleuropäischen und sozialistischen Stadtteilen, buchstäblich überall gibt es ein dichtes Netz von Gassen, wobei nur die Bewohner der betreffenden Siedlung diese Gassen richtig kennen; wohl deshalb war bei den Einwohnern Sarajevos die Bindung an ihre Siedlung schon immer so stark und prägend wie die Bindung an die Stadt), durch enge Gassen fanden wir dank Dubravkos Ortskenntnis den Weg zum Park hinunter, und dann musste man rennen, um nicht von Heckenschützen getroffen zu werden. (Ich bin schon seltsam: Wohl weil der ganze Tag so ruhig gewesen war, fiel mir die Flucht vor irgendwelchen unbekannten Leuten schwer, sie erschien mir irgendwie unwürdig und einem besonnenen Menschen nicht angemessen; aber wenn geschossen wurde, empfand ich meinen Laufschritt als ganz natürlich, egal wie viele Zeugen es gab.) Dann nahmen wir die Šenoa-Straße, um schnell in die Straße der Verteidiger der Stadt zu gelangen und das Gedränge zu vermeiden, das in der Titova ständig herrscht, besonders an ruhigen Tagen, wenn alle unterwegs sind, um ihre Erledigungen zu machen. Die Straße der Verteidiger erreichten wir ohne Probleme, mussten aber schon nach hundert Metern bei einem Möbelgeschäft in der Nähe des Nationaltheaters stehen bleiben, um eine endlose Kolonne gepanzerter UNPROFOR-Fahrzeuge vorbeizulassen. Vor dem Geschäft standen schon zwei ausnehmend gut gekleidete Frauen, anscheinend Mutter und Tochter.

»Wo kommen die denn jetzt alle her? Ist etwa dieser Mitterrand schon wieder da?«, fragte die Jüngere, die ich für die Tochter hielt.

»Wir wollen es nicht hoffen, der liebe Gott wird doch nicht von allen guten Geistern verlassen sein.« Die Ältere brachte sie mit einer Handbewegung zum Schweigen.

Da die Kolonne der gepanzerten Fahrzeuge nicht enden wollte und mein Optimismus uns zur Eile trieb, ging ich die Straße der Verteidiger der Stadt weiter Richtung Baščaršija; wir würden über die Drvenija-Brücke auf die andere Seite und nach zwanzig Schritten zum Hochhaus »Stern« kommen, wo die besagte Schwester wohnte. Unterwegs fiel mir ein, dass die Drvenija-Brücke weniger gefährlich war als die Čobanija-Brücke, und das sagte ich Dubravko auch, als hätte ich mich aufgrund ernsthaften Nachdenkens für diesen sichereren Weg entschieden. Nach etwa zweihundert Metern konnten wir die Straße überqueren, dann kamen wir durch den hinteren Zugang des Preporod-Gebäudes und über den Hof eines Nachbarhauses fast völlig geschützt zur Drvenija-Brücke, wo man wieder rennen musste, diesmal vor weniger Zeugen.

Serafina Bilal, die Frau Schwester, wohnte im siebten Stock des Hochhauses »Stern« mit einer riesigen GORENJE-Reklame auf dem Dach. Nach der würdelosen Rennerei am Park, dem weniger würdelosen, aber mühsameren, da längeren Lauf über die Drvenija-Brücke und der kaum noch zu schaffenden Anstrengung des Treppensteigens klopften wir mit letzter Kraft an ihre Tür. Als wären wir angemeldet oder als hätte jemand auf der Lauer gelegen, öffnete sie sich sofort. Vor uns stand eine mittelgroße Frau im abgetragenen Trainingsanzug und mit einem breiten, gutmütigen, von kurzem weizengelbem Haar umrahmten Gesicht.

»Sie wünschen?«, fragte die Frau mit einer Stimme, die zu einer viel jüngeren Person gepasst hätte. Mich überraschte jedoch weniger die helle Stimme als die Freude, die darin mitschwang. So verrückt es klingen mag, die Frau war über uns Unbekannte tatsächlich erfreut.

»Wir möchten Frau Bilal sprechen, Serafina Bilal«, erklärte Dubravko in dem Bemühen, normal zu wirken, soweit seine Atemlosigkeit das zuließ, ohne Grund übrigens, denn die Dame des Hauses zeigte nicht nur keine Angst, sondern schien, wie gesagt, über unsere Ankunft froh zu sein.

»Bitte kommen Sie herein«, sagte sie lächelnd und mit einer einladenden Geste, »aber nennen Sie mich Sara.« Wenn es nicht wie eine Mystifikation oder nachträgliche Erklärung all dessen wirken würde, was mit Sara zusammenhing, wie eine Verklärung durch die Liebe zu ihr, die erst später in mir erwachte und bis zum heutigen Tag immer stärker wird, wenn ich nicht Angst davor hätte, würde ich sagen, dass ich nie im Leben durch eine derart weit geöffnete Tür gegangen bin. Aber es war wirklich so, ich habe es schon damals empfunden, ich merkte, dass ich mich niemals so willkommen gefühlt hatte wie hier in dieser kleinen Wohnung im siebten Stock des Hochhauses »Stern«.

Sie bat uns in die Küche, wo man links neben der Tür auf dem Sofa saß, das unvermeidlich an die traditionelle bosnische *sećija* erinnerte, eine tapezierte Bank, die hufeisenförmig um den Tisch stand. Eine ähnliche *sećija*, nur nicht mit Leder, sondern mit Teppichen bezogen und mit einer wollegefüllten Matratze darunter, hatte die Küche dominiert, in der ich aufgewachsen war, und vielleicht fühlte ich mich deshalb sogleich ein wenig heimisch. Sara servierte Kirschen in einer wunderschönen großen Kristallschale und goss ein wenig Wasser darüber, und ich sagte zu Dubravko, heute sei offenbar ein Tag der Wunder, woraufhin Sara uns erzählte, sie habe die Kirschen in Bistrik von den Eltern ihrer Schüler bekommen. Dann brachte sie eine Hand voll klein geschnittener, trockener Huflattichblätter, ebenfalls ein Geschenk aus Bistrik, die man fast wie echten Tabak rauchen kann, wenn man über entsprechend dünnes Papier zum Zigarettendrehen verfügt. Bekümmert fragte sie sich selbst, was sie uns zu trinken anbieten könnte. Sie presste zwei Hand voll Kirschen aus, vermischte sie mit Wasser und schenkte uns ein. Falls uns dieser Saft nicht schmecke, könne sie bei ihren Nachbarn, die Gas hatten, auch Tee kochen.

Und die ganze Zeit über redet sie. Sie wirtschaftet unauffällig in der hellen Küche und redet, redet, hüllt die Anwesenden in einen Schleier aus Worten, die den Gast nicht informieren, sondern ihm die Gegenwärtigkeit der Gastgeberin bezeugen sollen. So rief sie in mir die Erinnerung an eine meiner ältesten und wichtigsten Erfahrungen wach, eine jener Erfahrungen, die mich geformt haben und zu denen ich zurückkehre, wenn ich mich sammeln will, einen jener inneren Orte, die Sicherheit und Beständigkeit ausstrahlen und an denen ich mich aufrichten kann, wenn ich Halt brauche. Eine meiner fundamentalen Erinnerungen ist nun mal eine helle Küche, klein, aber geräumig genug für die Menschen, die sich darin aufhalten mussten, und eine Mutter, die redet, redet, redet, scheinbar nebenbei alle nötigen Arbeiten verrichtet, deshalb ständig in Bewegung ist und mit ihrer Stimme und ihren Gesten den ganzen Raum erfüllt. Im Grunde ist es nicht die Erinnerung an ein konkretes Ereignis, vielleicht nicht einmal an die konkrete Küche, in der ich aufwuchs und das wenige lernte, was ich weiß; es ist eher eines der geistigen Bilder, die ich gleichsam in mir trage als etwas, das zutiefst und unbestreitbar mir gehört, obwohl es älter ist als ich, so alt wie die Kultur, die mich geformt hat. Unzählige Male habe ich in unzähligen hellen Küchen dieses Bild gesehen und diese Erfahrung wiederholt, mit dem einzigen Unterschied, dass später nicht mehr meine Mutter, sondern eine andere Frau den freien Raum mit ihrer Stimme und ihren Bewegungen erfüllte. Und jedes Mal, wenn ich einsam und ängstlich war, wiederholte ich in Gedanken: Solange du dich an eine helle Küche erinnern kannst, in der eine Frau redet und umhergeht, bist du noch nicht ganz verloren, solange du weißt, dass irgendwo auf der Welt so eine Küche existiert und einen Platz für dich hat, bist du nicht völlig allein. Und solange solche Küchen möglich sind, ist deine Welt real und sinnvoll.

Habe ich Sara damals in der hellen Küche so lieb gewonnen, weil sie die Sicherheit und Beständigkeit in mir erneuerte, als es keine Spur von Sicherheit und Beständigkeit mehr gab, als für mich einfach kein Platz mehr da war?

Saras zusammenhanglosen Geschichten konnten wir entnehmen, dass sie gleich nach der Rückkehr aus der Schule ihre Tochter Antonija hinausgeschickt hatte, damit sie frische Luft schnappte und an die Sonne kam. »Die Arme fürchtet sich ein bisschen, das ist grausam, man kann es nicht mit ansehen, wie sie sich ängstigt, sie wagt sich nicht mehr in die Wohnung hinauf, seit all das angefangen hat, Tag und Nacht sitzt sie unten im Treppenhaus und zittert, sie ist so blass geworden ohne Licht und Luft, bleich wie das Menschenfischlein, deshalb treibe ich sie immer raus an die Sonne, wenn es mal ruhig ist, vielleicht kehrt ein bisschen Farbe in ihr Gesicht zurück. Weh dem, der keine Farbe hat, vor allem, wenn er so jung ist!« – so erklärte Sara, warum sie ihre eigene Tochter hinausgejagt hatte. Nun war sie, Sara, allein zu Hause, und Einsamkeit konnte sie schon gar nicht ertragen, das war schlimmer als eine Krankheit, sie »riss in ihr ein Loch auf, in das sie fiel, durch das sie wegfloss und verschwand«. Doch sogleich lachte sie über dieses Bild und gestand, dass die Beschreibung ziemlich dämlich war, dass sie aber die Einsamkeit nun mal so empfand. Deshalb freute sie sich so sehr über uns, über jede Menschenseele – außer den Feinden – hätte sie sich gefreut, wenn man sie nur aus der Einsamkeit erlöste.

Ansonsten sei die Schule das beste Mittel gegen das Alleinsein, dank der Schule sei sie nur selten und nur für kurze Zeit allein, sodass sie ihr Leben als schön bezeichnen könne, selbst jetzt. Jeden Tag gehe sie hin, auch sonntags, vor zwei Jahren hätte sie sich pensionieren lassen können, doch die Schule hatte sie gebeten zu bleiben, und darauf habe sie nur gewartet. Es gibt nicht genug Mathematik- und Physiklehrer, nicht einmal für die

Eliteschulen, und wie hätte ihre Schule einen Ersatz für Sara finden sollen, in diesem armen Stadtviertel, wohin sich kaum je ein Spaziergänger verirrt. Also war sie geblieben und jetzt im Krieg eine Art Direktor oder so ähnlich geworden, denn aus dem Kollegium ließ sich kaum jemand sehen. Zwar ist Sommer und obendrein Krieg, Unterricht findet nicht statt, es gibt keinen Grund für die Lehrer, die Schule aufzusuchen, aber jemand muss doch jeden Tag da sein und sich um die Bewahrung des wenigen kümmern, was die Schule besitzt, und es gegebenenfalls in Sicherheit bringen. Für Sara ist es am einfachsten, weil sie keinen weiten Weg hat, es ist die Ilija-Grbić-Grundschule in Bistrik, und so ist ihr mit dem Beginn des Krieges die Aufgabe zugefallen, ein bisschen Direktor zu spielen.

Sie geht jeden Tag für ein paar Stunden hin, trifft die Eltern ihrer Schüler, jedenfalls die in unmittelbarer Nähe Wohnenden, sie unterhalten sich ein bisschen und beraten sich, tauschen aus, was sie auszutauschen haben, um die Schule in Ordnung zu halten, und auf diese Weise ist man nicht allein und unnütz. »Darum bin ich etwas albern und unpassend gekleidet«, erklärte Sara mit einem Blick auf ihren schäbigen Trainingsanzug. »Es gibt kein Wasser zum Waschen, keinen Strom zum Bügeln, aber wenn man zur Arbeit in die Schule geht, muss man anständig angezogen sein. Darum trage ich zu Hause Antonijas alten Trainingsanzug.«

Als alles auf dem Tisch stand, was sie ihren Gästen anbieten konnte, setzte sich Sara uns gegenüber auf einen Stuhl, verstummte und blickte auf einen Punkt irgendwo zwischen Dubravkos und meinem Kopf. Dubravko fasste das als eine Aufforderung zum Sprechen auf, er räusperte sich und begann damit, dass wir ihr, Sara, Grüße von ihrer Schwester und deren Mann überbringen sollten, die sie liebten, sich um sie sorgten und alles Menschenmögliche tun würden, um sie zu retten.

»Wie geht es den beiden?«

»Ich denke gut, jedenfalls dem Brief nach zu schließen, den ich bekommen habe«, antwortete Dubravko sichtlich verlegen.

»Sie haben sie nicht gesehen?«, fragte Sara.

»Ich kenne sie gar nicht«, erklärte Dubravko immer verlegener. »Sie werden nur in dem Brief erwähnt, den ich kürzlich erhalten habe.«

»Da haben Sie was verpasst.« Sara lachte nervös. »Andjelina ist eine sehr schöne Frau, so unglaublich das klingen mag, wenn man mich sieht.«

»In dem Brief, den mir mein Professor geschickt hat, ist die Rede von Ihrer Schwester und deren Mann und ihrer Sorge um Sie und ihrem Wunsch, Sie zu retten«, versuchte Dubravko auf den Anlass unseres Besuchs zurückzukommen.

»Das ist ihre Marotte geworden, mich retten zu wollen.« Sara lachte wieder: »Andjelina hat mich schon mal gerettet. Da waren wir so klein« – sie streckte die Hand aus – »ich ging in die zweite Klasse und sie in die sechste«, erzählte Sara ungefragt und mit dieser Nervosität, die zutage getreten war, seit Dubravko den Namen ihrer Schwester in Zagreb erwähnt hatte; jetzt verheimlichte sie auch nicht mehr, dass sie vom wahren Grund unseres Besuchs nichts hören wollte. Sie hatte Angst.

Es musste 1938 gewesen sein. Sie wohnten damals in der Zagreber Straße, in einer jener österreichischen Villen gleich unterhalb der Vrbanja-Brücke, die jetzt wahrscheinlich in der vordersten Kampflinie liegen. Die beiden Schwestern gingen am anderen Flussufer in eine neu eröffnete Schule neben dem Marindvor-Gebäude und der Josephskirche. Zu jener Zeit wurde der botanische Garten hinter dem Landesmuseum nicht mehr gepflegt, er war fast verwildert, sodass sogar die Erwachsenen ihn mieden und nur betraten, wenn es unbedingt sein musste. Sara ging dennoch fast täglich nach dem Unterricht dorthin, sie wanderte die zugewachsenen, kaum noch sichtbaren Wege entlang, betrachtete die Bäume und seltenen Gräser, die es sonst nirgends mehr gab, sie versteckte sich in den Büschen und wurde von einem seltsamen Gefühl gepackt: unsichtbar zu werden und zu verschwinden.

Die große Schwester Andjelina hatte sie mehrmals gewarnt, in den botanischen Garten zu gehen, im Dickicht hätten sich alle möglichen Wesen verkrochen, vielleicht sogar Schlangen, nicht nur die Mädchen, auch die Jungen in ihrem Alter fürchteten sich vor dem Garten; was würde man von Sara denken, wenn herauskam, dass sie stundenlang durch diese Wildnis irrte. Sara liebte ihre Schwester schon damals sehr, sie bewunderte ihre Klugheit, nur was den Garten betraf, hörte sie nicht auf Andjelina – warum, das wisse sie bis heute nicht, sie habe ja auch nicht gewusst, warum sie überhaupt in den botanischen Garten gegangen sei, der ihr selbst nicht geheuer war. Oder nein, sie habe etwas geahnt, aber diese Gründe habe sie niemandem sagen können, weil alles ein bisschen verrückt war, das heißt, heute glaube sie, dass es verrückt war, weil ihr heute die ganze Geschichte unbegreiflich sei, aber damals, sie erinnere sich genau, sei sie in den Garten gegangen, wenn sie in sich den Ruf vernommen habe. Ja, sie wurde in den botanischen Garten gerufen, jemand Unsichtbares, tief, tief verborgen wie sie im Gebüsch, rief sie mit einer Stimme, die sie deutlich in sich hörte und gegen die sie sich nicht wehren konnte. Darum ging sie in den Garten, wie unter einem Zwang und gegen Andjelinas Willen, ja, sie wäre auch gegen den eigenen Willen, und obwohl sie Angst hatte, hingegangen – denn einem solchen Ruf durfte und konnte man sich nicht widersetzen.

Die schönste und eigenartigste Stelle im ganzen Garten war ein aufgeschütteter Hügel neben einem kleinen Teich, der von ein paar Felsbrocken gesäumt wurde. Oben wuchsen drei riesige Blumen, deren Namen sie, Sara, bis heute nicht kenne (ehrlich gesagt, wolle sie ihn auch gar nicht erfahren, hätte ihr jemand beizubringen versucht, wie die Blume richtig hieß, wäre sie nicht mal bereit gewesen, zuzuhören, denn sie hatte ihr längst den einzigen wahren Namen gegeben). Eigentlich war es auch keine Blume, aber auch kein Strauch, denn sie hatte keine Zweige. Drei, vier Stängel von der Höhe eines kleinen Holunderbuschs bildeten ein strauchartiges Gewächs, und jeder trug eine riesige weiße Blüte vom Umfang eines mittleren Fladenbrots, eigentlich eine aus vielen winzigen, eng stehenden Blüten zusammengesetzte Dolde. Diese Blume, diesen Busch oder was auch immer es war nannte Sara den Hochzeitszug, vermutlich wegen der reinen weißen Farbe der Dolden, wegen dieses verschwenderischen Weiß, das es so an keinem voll erblühten Holunder gab. Drei solche Büsche wuchsen dicht beieinander auf ihrem geliebten Hügel, und wenn ihr Wunsch zu verschwinden sehr stark war, versteckte sie sich da oben im Hochzeitszug, lag zwischen den grünen

Stängeln, die in den Himmel ragten, und an ihrem Ende leuchteten die starkweißen Dolden, die, von unten betrachtet, wie die Kappen von Hochzeitsgästen aussahen. Sie ruhte in der vollkommenen Stille, solange sie es aushalten konnte, verloren in der beseligenden Unsichtbarkeit.

Eines Nachmittags Ende Mai begriff sie, dass diese Blumen ihre Hochzeitsgäste waren. Das erklärte auch die Stimme, die sie in ihrem Innern vernahm und der sie nicht widerstehen konnte. Es war ein warmer und heller Tag, die Hochzeitsgäste wiegten sich sanft, wohl weil sie im Zug dahinritten, eine gute Stille herrschte in der Welt, und Sara ruhte unsichtbar und selig mitten darin.

So musste sie eingeschlafen sein. Sie kam nicht nach Hause, ihre Eltern begannen sich Sorgen zu machen, fragten Andjelina, die zuerst sagte, sie wisse nichts, dann aber ihre Angst bezwang und in den botanischen Garten ging, um Sara zu suchen. Sie fand sie nicht, denn ihre Angst war doch zu groß, weinend rannte sie nach Hause, musste den Eltern gestehen, dass sie gelogen hatte, und erzählte ihnen von Saras Besuchen im Garten. Also gingen sie zu dritt wieder los, die Eltern und die weinende Andjelina, um Sara zu suchen, und sie hatten ihre liebe Mühe, ehe sie sie fanden, schlafend und von allen Seiten durch die Hochzeitsgäste verborgen.

Bald darauf, noch vor dem Ende des Schuljahrs, zogen sie in die Kulović-Straße in eine Wohnung, in der die Eltern bis zu ihrem Tod lebten. Sara wechselte die Schule und ihre täglichen Wege, und diese Veränderung befreite sie von der Stimme, die sie zum seligen Verschwinden in den botanischen Garten gerufen hatte, und von der Erinnerung an jenen Nachmittag. Von alldem blieb nur die Tatsache, dass Andjelina ihr das Leben gerettet hatte, und tief im Innern ein Gefühl, das sie nie wieder loswurde – dass sie damals in dem verwilderten Garten, im grünen Busch unter den weißen Blüten, ihre Hochzeit gefeiert hatte und dass diese eheliche Verbindung für alle Zeiten unlösbar war.

Während Sara erzählte, suchte Dubravko mehrmals meinen Blick und gab mir durch Zeichen seine äußerste Verwirrung zu verstehen. Aber ich wusste so wenig wie er, was wir tun sollten. Mir war nur klar, dass Sara uns mit ihrem Wortschwall daran hindern wollte, die Gründe unseres Besuchs zu nennen. So viel hatte ich bis zu diesem Moment begriffen, aber es war vollkommen schleierhaft, warum sie das tat. Schon nach drei Minuten wusste ich, dass Sara zu den mutigen Leuten gehörte, die nichts verbergen können, oder mehr noch zu den seltenen, die etwas zu geben haben und gerne geben, sie geben alles Erdenkliche preis, sogar die eigenen Geheimnisse und Ängste, weil sie nichts verschweigen können (in den engen Zeiten wie den unseren reden enge Menschen, wie wir es in der Mehrheit sind, mit einer gewissen Verachtung von solchen Leuten, wir nennen sie Menschen ohne Geheimnis, weil wir nicht begreifen, wie selten sie sind). Noch heute bin ich sicher, dass mein erster Eindruck richtig war: Sara gehörte zu den kostbaren Menschen, die niemanden täuschen können, sodass der andere ihre »List« bereits durchschaut, bevor sie sich zu dieser »List« entschlossen haben. So bemerkte wahrscheinlich auch ich Saras »List«, noch ehe ihr selbst klar war, was sie tat, aber ich hatte keine Ahnung, was sie wollte. Es konnte nicht der Wunsch sein, uns bis zur Rückkehr ihrer Tochter aufzuhalten, damit sie nicht allein blieb, denn dann wäre sie nicht so nervös gewesen, hätte das Gespräch nicht sofort an sich gerissen. Aber warum? Welchen Nachteil konnte es für sie haben, wenn sie erfuhr, was wir beabsichtigten? Wir wollten sie zu nichts zwingen, ihr nichts aufnötigen; das Schlimmste, was ihr geschehen konnte, war, dass sie etwas Unliebsames von uns hörte.

Dubravko begann mit voller Lautstärke zu reden, sobald Sara mit ihrer Geschichte fertig war. Bei jedem Versuch, ihm ins Wort zu fallen, hob er die Stimme noch mehr und redete beharrlich weiter, so schnell er konnte. Sara gab ihren Widerstand auf, sie beruhigte sich und hörte konzentriert und schicksalsergeben zu. Als Dubravko alles gesagt hatte, sah sie mich schweigend an, bis ich durch eine Geste andeutete, dass ich nichts hinzuzufügen hatte. Sie senkte den Blick, starrte eine Weile vor sich hin und wandte sich an Dubravko.

»Jetzt müsste ich quasi etwas antworten?«

»Sie müssen natürlich nicht«, wehrte Dubravko ab. »Sie haben Zeit zum Überlegen, Sie brauchen nichts zu überstürzen, ich muss sowieso noch ein paar Mal mit Herrn Barić sprechen …«

»Aber ich kann auch sofort …«, sagte Sara.

»Sie können in Ruhe nachdenken, das Ganze geht ja nicht so schnell«, sagte Dubravko. »Wenn es Ihnen sehr eilig ist, ließe sich die Sache vielleicht beschleunigen, aber wir haben keinen besonderen Einfluss, und darum gibt es keinen Grund, dass Sie schon jetzt antworten …«

»Ich gehe nirgendwohin«, unterbrach ihn Sara.

Ich war schockiert, nicht wegen Saras Entscheidung, die mir schon ihre Frage, ob sie etwas antworten müsse, verraten hatte, sondern wegen der Härte, wegen des fast metallischen Untertons in ihrer Stimme, den ich noch kurz zuvor nicht mit ihr in Verbindung hätte bringen können. Ich sah Dubravko an und hätte beinahe laut aufgelacht, denn er stand mit offenem Mund da.

Sie sei uns zutiefst dankbar, sagte Sara nach kurzem Schweigen ohne den metallischen Unterton in der Stimme. Dankbar sei sie auch dem unbekannten Herrn Barić und überhaupt allen, die sich um sie bemühten oder wenigstens dazu bereit waren. Sie wisse das zu schätzen und hoffe auf eine Gelegenheit, uns allen ihre Dankbarkeit zu erweisen, obwohl sie natürlich nicht wolle, dass sich ihr diese Gelegenheit um den Preis unseres Glücks und Wohlergehens böte. Und was ihre Schwester Andjelina betreffe ... Über ihre Schwester könnte sie tagelang reden, tagelang pausenlos, und hätte doch nur einen Bruchteil dessen erzählt, was gesagt werden müsste. Das war eine Beziehung ohne Ende und Boden. Sie liebten sich wirklich, so selten das unter Schwestern vorkam, zumal wenn, wie bei ihnen beiden, die Beziehung fast eine Karikatur war, denn Andjelina war in allem das Gegenteil von ihr, sie war schön, klug, erfolgreich, gewandt, beliebt und elegant. Vielleicht konnte es gerade wegen dieser Verschiedenheit keine Konkurrenz, nicht einmal Vergleiche zwischen ihnen geben, und darum war von klein auf ihre Beziehung aufrichtig liebevoll. Sie könnte nicht sagen, dass sich seit Andjelinas Umzug nach Zagreb ihre Liebe vertieft hätte, aber sie hatte sich geläutert, besänftigt, war gereift, wohl weil sie beide reifer geworden waren.

Musste man ihr etwa erklären, wie sehr sich Andjelina sorgte, solange ihre Schwester in dem überfallenen und unter Beschuss liegenden Sarajevo lebte, und musste

Sara jemandem erklären, wie schwer ihr der Entschluss, hierzubleiben, fiel, weil er die Sorgen ihrer Schwester vergrößerte? Es war wunderbar, dass so viele Leute sich aufgemacht hatten, um sie zu retten, doch am schönsten und wichtigsten war, dass Andjelinas Liebe all diese Leute in Bewegung gesetzt hatte. Das Wissen darum, die Erinnerung an unser Gespräch würden die Tage erhellen, die ihr noch blieben. Wann immer sie sich nach Liebe und Schönheit sehnte, würde sie an unseren Besuch denken, den Andjelina aus Zagreb veranlasst hatte, damit ihre kleine Schwester an einem so schönen Nachmittag nicht allein war. Wegen dieses Tages würde sie alles leichter ertragen können, was ihr in Zukunft bevorstand, und sie bitte uns, Andjelina, wenn wir uns in Zagreb träfen, zu erzählen, wie dankbar und gerührt sie, Sara, gewesen sei.

Darauf erhob sie sich unvermittelt und gab uns zu verstehen, dass der Besuch beendet war.

Dubravko und ich wechselten irritierte Blicke. Eine solche Ansprache – konzentriert, korrekt, in Maßen pathetisch und wie aus dem Schulbuch – hätte man von einem Professor der Psychologie erwarten können, aber nicht von der liebenswerten Frau, die uns die Tür geöffnet hatte. Und all diese Schulbuchwahrheiten ruhig dargelegt, knapp, ohne Gesten und ohne Pause, ohne Wechsel des Tons und ohne sichtbare Bewegung. Wie der Bericht über ein Thema, das einen nicht berührt. Ich weiß nicht, was Sara mit dieser Ansprache wollte und an wen sie sich richtete, aber ich bin hundertprozentig sicher, dass sie ihr nicht von Herzen kam. Doch hier war vorerst nichts weiter zu tun oder zu erfahren, denn Sara wandte sich entschlossen zur Tür.

Es war schon fast dunkel, so gegen neun. Obwohl ich wusste, dass meine Frau wahnsinnig vor Angst war, nahmen wir nicht den kürzeren Weg über die Čobanija-Brücke, sondern zurück zur Drvenija-Brücke und dann Richtung Süden, durch die Straße der Verteidiger der Stadt, die Mis Irbina, durch den kleinen Park bis zum Hygiene-Institut und einer unangenehmen Kreuzung, auf der auch die Todessüchtigsten den Schritt etwas beschleunigen. Warum folgten wir dieser Route, wenn schon beinahe Dunkelheit herrschte und die Scharfschützen uns kaum erahnen konnten? Selbst wenn noch gute Sicht gewesen wäre, gab es, was die Sicherheit betraf, keinen wesentlichen Unterschied zwischen dem Umweg und dem zweimal kürzeren, den man normalerweise geht – beide waren gleichermaßen exponiert und gefährlich. Das fiel mir ein, als wir schon die Drvenija-Brücke überquert hatten und es für eine Umkehr zum kürzeren Weg zu spät war, aber ich fand keine befriedigende Antwort (jetzt glaube ich, dass wir die Drvenija-Brücke wählten, weil wir diesen Weg schon einmal gegangen waren, sodass er uns vertraut und weniger gefährlich erschien – neben all ihren anderen guten Seiten ist uns die Wiederholung auch deshalb so lieb, weil sie ein Gefühl der Sicherheit erzeugt). Als wir die Brücke hinter uns gelassen hatten, kam Dubravko zu sich, er blieb gleich hinter dem Ersten Gymnasium stehen und breitete ratlos die Arme aus.

»Ich bitte dich, was sagst du dazu? Gibt es dafür überhaupt eine Erklärung?«

»Sicher, nur dass ich sie nicht habe. Und ich weiß nicht, ob es im Moment klug wäre, nach Erklärungen zu suchen, ich weiß nicht, ob wir uns dann nicht um die

Möglichkeit bringen würden, das Vorgefallene zu verstehen«, dozierte ich ohne rechtes Bedürfnis, etwas Bestimmtes zu sagen, ich hatte einfach den Wunsch zu reden.

»Ich pfeife auf Erklärungen und Verständnis.« Dubravko winkte wütend ab. »Ich möchte wissen, was ich jetzt tun soll. Die Alte ist mein Maskottchen, Mensch, weiter interessiert sie mich nicht. Sie ist die Bedingung für meine Ausreise, und wenn ich mir nicht schnell was ausdenke, kann ich mein Doktorat vergessen und bin dazu verurteilt, hier mit dir bis zum Ende aller Zeiten Bier zu trinken.«

»Ich könnte ja noch verstehen, dass sie nicht wegwill«, dozierte ich unbeirrt weiter, »sie ist schon eine ältere Frau, und alte Leute hängen bekanntlich an ihrem Ort, an ihren Sachen, an einem bestimmten Blick aus dem Fenster. Wie Hunde oder noch stärker, wenn es das gibt. Außerdem hat sie *hier* ihren Ort und ihre Würde, und *dort* hätte sie weder das eine noch das andere. Also ist es nur natürlich, dass sie nicht gehen will. Aber warum sagt sie das nicht einfach klipp und klar, warum kostet es sie so viel Mühe und Nervosität, etwas so Normales zu sagen wie: ›Danke, meine Herren, ich bin gerührt, aber ich möchte lieber nicht‹, Punkt, fertig, alles in Ordnung. Stattdessen schwatzt sie, erzählt ergreifende Erinnerungen und hält uns am Ende einen Vortrag, der einen strengen Richter zufrieden stellen soll, einen abwesenden, aber ihr wohl bekannten, die teure Schwester Andjelina vielleicht, mit der die Dinge sicher nicht so unkompliziert sind, wie sie behauptet. Sie hat zu viel darauf herumgeritten, wie sehr sie sich lieben, seit immer und ewig. Ich weiß nicht, ich glaube, das könnte auch Saras Auflehnung sein.«

»Gnade!«, brüllte Dubravko und riss die Arme hoch. »Mann, begreif doch, das interessiert mich nicht, es würde mich auch nicht interessieren, wenn sie sich gegen mich oder wegen mir auflehnt. Das Einzige, was mich an ihr interessiert, ist, dass sie nicht rauswill. Aber sie ist unser einziges Argument bei Barić. Was muss ich unternehmen, damit Barić unsere Ausreise ermöglicht, auch wenn sie nicht mitkommt? Das ist es, was mich interessiert, im Moment ist Barić mein einziges Problem und mein einziges Thema.«

»Eine zweite offene Frage«, fuhr ich ungerührt fort, »warum ist sie nicht bereit, ihre Tochter gehen zu lassen? Menschlich gesehen ist jetzt klar, warum sie selbst nicht gehen möchte. Aber menschlich oder sonst wie gesehen müsste sie darum kämpfen, dass ihr Kind ausreisen kann. Jede normale Mutter würde alles darum geben, ihr Kind aus der Situation hier zu befreien, und sie ist offensichtlich eine gute Mutter, trotzdem hat sie die Möglichkeit, dass die Kleine mit dir geht, gar nicht erst erwähnt. Soweit ich mitgekriegt habe, ist sie überhaupt nicht so jung und wäre durchaus imstande, für sich selbst zu sorgen, und außerdem hätte sie eine Zuflucht bei nahen Verwandten. Worum geht es hier? Was steckt dahinter, wenn Sara nicht will, dass ihre Tochter gerettet wird? Wer mir diese beiden Dinge erklärt, dem glaube ich, dass er die menschliche Seele kennt.«

»Stimmt, das ist mir auch aufgefallen, aber ich habe es über meinem eigenen Kram vergessen. Wenn die verrückte Alte sich weigert, in Ordnung, aber dass sie das Mädchen nicht retten will … Ich verstehe es nicht, aber es ist mir auch egal«, sagte Dubravko.

»Jedenfalls ist dein Freund Barić unsere Hauptsorge,

das stimmt, von ihm hängt schließlich ab, ob meine Frau ausreisen kann.«

»Gut, dass dir das einfällt«, spöttelte Dubravko. »Lass uns was überlegen.«

Wir vereinbarten, dass er gleich morgen noch einmal zu Barić gehen und versuchen sollte, bei ihm den Eindruck zu hinterlassen, dass er enge, fast freundschaftliche Beziehungen zu dem wichtigen Bruder in Zagreb unterhielt, dessen Name Barić den Atem stocken ließ. Wenn der schicksalslenkende Barić daran glaubte, dann war Saras Weigerung, zu gehen, für uns ohne Folgen und Bedeutung, denn Barićs Respekt galt dem großen Bruder und nur ihm. Ich würde in der Zwischenzeit eruieren, wie groß die Chancen waren, dass wir von den befreundeten Geistlichen die erforderlichen Taufscheine für die beiden bekamen, die jetzt ausreisen würden, also meine Frau und Dubravko. »Erwähne für alle Fälle auch Sara und die kleine Antonija, man kann nie wissen«, mahnte Dubravko, bevor wir uns trennten. Er ging die Turhanija-Straße hinunter, und ich setzte meinen Heimweg fort.

Das Haustor war schon verschlossen, und ich musste eine halbe Ewigkeit gegen die Tür hämmern, ehe mich der Diensthabende hörte und mir öffnete. Diese zehn Minuten wären mir vermutlich nicht so lang erschienen, hätte man nicht aus Richtung Vogosća eine Serie von Explosionen gehört, die sich bestimmt bald dem Zentrum nähern würden. Darum war für mich die Zeit vor der Tür eine halbe Ewigkeit. Mit ihr begann noch eine dieser Nächte, die mir das Schicksal bestimmt hatte.

3

Die Geschichte von den Türen

»Ich dachte immer, der Charakter eines Menschen zeige sich in der Art, wie er seine Tür öffnet, vor allem in der Art, wie er sie unangemeldeten Gästen und Fremden öffnet. Eine Zeit lang trug ich mich sogar mit dem Gedanken, die Charaktertypen danach zu klassifizieren, wie sie Türen öffnen, und das mit Beispielen aus der Literatur zu belegen, aber ich kam nicht weit, weil sich die Leute in der Literatur zu wenig besuchen und infolgedessen zu wenige Türen aufgemacht werden. Trotzdem glaube ich, dass meine Klassifizierung brauchbarer wäre als die, die einem im Psychologieunterricht eingepaukt wurde, all die Choleriker und Phlegmatiker, die nichts weiter als Choleriker und Phlegmatiker sind. Meine Klassifizierung würde der unauflösbaren Verbindung von Schicksal und Charakter Rechnung tragen müssen, schon damit würde der Irrtum der klassischen Charakterlehre vermieden, die ich kenne und nicht mag.

Für Handelsvertreter, Gerichtsvollzieher, Polizisten, Abonnementsverkäufer, Bettler und andere Leute, die aus beruflichen Gründen an fremden Türen klingeln, wäre die Kenntnis meines Klassifizierungsmodells eine gewisse Hilfe. Wenn du weißt, wie sich der jeweilige Charaktertyp beim Türöffnen verhält (und das weißt du dank meiner Belehrung), dann weißt du schon, wer hinter der Tür steht, bevor du den Betreffenden gesehen und ein Wort mit ihm gewechselt hast, und das gibt dir die Möglichkeit, den ersten Satz, der entscheidend ist, dem Charaktertyp dessen anzupassen, der hinter der Tür steht. Wenn dir das gelingt, stehst du in seinen Augen gut da und bist auf dem besten Weg zum Erfolg. Darum gehört mein Klassifizierungsmodell in jedes Handbuch für Berufe, die vor fremden Türen ausgeübt werden.

Du stehst beispielsweise vor einer Tür und wirst durch den Spion beäugt. Du hast es bemerkt, aber die Person drinnen tut so, als wäre sie nicht da. Dann deckt sie den Spion zu, beschließt, zu Hause zu sein, und fragt mit dumpfer Stimme, wer du bist und was du willst. Wenn das geschieht, weißt du, dass drinnen eine einsame alte Frau wohnt und dass alles in Ordnung ist (mit einer alleinstehenden alten Frau, die fremden Männern bereitwillig öffnet, ist etwas nicht in Ordnung, sei es im Kopf oder im Leben, das sie gelebt hat). Wenn die Person sich so verhält, aber keine alte Frau ist, weißt du, dass du es mit jemandem zu tun hast, der sich früher oder später der Geschäftemacherei verschreiben und daran scheitern wird. Darum könnten wir solche Leute dem Typus des Geschäftemachers zuordnen. Sie haben eine hohe Meinung von sich und glauben, dass sie etwas Besseres verdient haben, also auch eine etwas bessere Welt als Aufenthaltsort. Wegen dieser Überzeugung, die mit der Zeit zum Gefühl wird (wenn es nicht umgekehrt ist, also die Überzeugung dem Gefühl entspringt, wenn sie nicht zuerst *gefühlt* haben, dass sie besser sind als die Welt, die ihnen zugefallen ist, und dann rationale Beweise dafür gefunden haben), halten sie sich für bedroht, weil die unwürdige Welt sich früher oder später an ihnen wegen ihrer Überlegenheit rächen wird. Darum bereiten sie sich schon mit dem Eintritt ins reife Lebensalter auf die ›Abrechnung‹ mit der Welt vor, darum legen sie schon in der Jugend Misstrauen und Zweifel an den Tag, nie können sie sich entspannt zurücklehnen, weil sie ständig mit Verteidigungsstrategien, wie sie es nennen würden, beschäftigt sind. Und so auf den Ausbau ihrer Verteidigungsstrategien konzentriert, erdenken sie für jede nur mögliche Lebenssituation einen Verteidigungsschritt mehr als notwendig, und genau deshalb, wegen dieses überflüssigen Schrittes, verlieren sie ihre Abrechnung mit der Welt, sie scheitern in ihrem Versuch, mit dem Leben Geschäfte zu machen, und darum öffnen sie auch dir.

Wenn der Blick durch den Spion ausbleibt, das übrige Verhalten aber dem eben beschriebenen Geschäftemacher gleicht, dann weißt du, dass hinter der Tür, an der du geklingelt hast, ein Wucherertyp steht. Wenn sich der Deckel des Spions nicht bewegt, wenn niemand Fragen stellt und es so scheint, als wäre keiner zu Hause, wenn kaum hörbar ein Fuß über den Boden scharrt (er hat in der Diele kein Licht gemacht, um sich nicht zu verraten) oder eine Hand die Tür berührt, wenn solche Geräusche anzeigen, dass sich drinnen jemand verbirgt, dann kannst du sicher sein, dass es sich um Menschen handelt, wie sie bei Dostojewski von ihren Nächsten mit Recht, wenn auch grundlos, mit der Axt erschlagen werden und denen wir in Wirklichkeit alle vergeblich aus dem Weg gehen. Seinen äußerlichen Manifestationen nach ist dieser Charaktertyp dem des Geschäftemachers ziemlich ähnlich, im Wesen aber fast das Gegenteil: Der Wucherer ist vorsichtig, nicht misstrauisch, er schützt sich mit List vor der Welt, weil er unsicher und ängstlich ist, er fühlt sich zu klein und zu schwach für diese riesige Welt, er ist unzufrieden mit sich selbst und so sehr auf seine Schwächlichkeit fixiert, dass er gar nicht auf den Gedanken kommt, er habe eine bessere Welt verdient. Er regt sich hinter der geschlossenen Tür, atmet vorsichtig und versucht zu erraten, wer geläutet hat, er weiß nicht, ob er über eine passende Antwort auf die Herausforderung verfügt, die vor seiner Tür wartet. Aber schließlich öffnet er doch jedes Mal, weil er skeptisch genug ist (kann man in dieser Welt überhaupt skeptisch genug sein? – ich fürchte, das sind nur diejenigen, die es von vornherein vermeiden konnten, überhaupt geboren zu werden). Er öffnet also und begreift, dass er wieder betrogen wurde, und zwar gleich doppelt. Erstens, weil die Wartezeit für ihn viel schlimmer war als für dich, und zweitens, weil er sich etwas von dir erhofft hat, aber wissen müsste, dass es keinen Besucher gibt, der einem anständigen Menschen etwas wirklich Gutes bringen kann.

Wegen ihrer Angst vor der Welt und allem, was auf ihr existiert, sind mir die Wucherer zuwider, aber längst nicht so zuwider wie die Leute, die mich an mich selbst erinnern. Das sind jene Typen, die längst alles aufgegeben haben, aber beharrlich so tun, als bemühten sie sich immer um irgendetwas (womit sie aber höchstens noch sich selbst etwas vormachen können). Das sind die Individuen, mit denen einem nicht einmal im Traum einfallen würde zu telefonieren, denn sie lassen das Telefon unendlich lange läuten, bevor sie den Hörer abnehmen, und dann vergeht noch eine Ewigkeit bis zu ihrem gehauchten Hallo. Wenn du bei so jemand an der Tür klingelst, wirst du dich schon zehnmal verabschiedet haben von dem, was du wolltest und weshalb du geklingelt hast, falls es dir nicht überhaupt beim Warten abhanden gekommen ist. Er guckt nicht durch den Spion, hält nicht im Hintergrund den Atem an und überlegt sich keine Verteidigungsstrategien gegen dich – er verzögert einfach, weil er meint (ach was, er meint nicht, er fühlt! er weiß!), dass jede Sekunde, in der ihn nichts behelligt, also auch nicht die Begegnung mit dir, der reine Gewinn ist. Dieser Unglückliche ist mit einem großen Mangel an Lebensenergie und ohne einen Funken Weltvertrauen geboren und hat mit der Zeit eingesehen, dass sein Aufenthalt auf Erden erheblich bequemer sein könnte, wenn es ihm gelingen würde, seine Handikaps der Wirklichkeit in die Schuhe zu schieben. Diese schlaue Absicht versucht er zu verwirklichen, indem er darüber philosophiert, dass alle uns auf Erden angebotenen Segnungen, von Essen und Bewegung bis zu Liebe und Schlaf, höchst gefährlich für uns sind, weil sie, wie man es auch dreht und wendet, letztlich zu Krankheit und Tod führen, mit denen unser Aufenthalt auf Erden endet. Er ist also ein müder grauer Langweiler, der ein bisschen Freude nur an den Begegnungen haben kann, die er vermeiden konnte, und an den Erfahrungen, die er nicht gemacht hat. Wegen dieses Typus müsste man hartnäckig sein und dreimal klingeln, bis er sich genötigt sieht, dir zu öffnen. Das verschlingt Zeit, aber man muss es tun.

Das genaue Gegenteil ist der so genannte aggressive Typ, der ungewöhnlich rasch, sozusagen beim ersten Klingelton mit einem kurzen Ruck öffnet, aber nur so weit, dass er das Gesicht zwischen Tür und Rahmen schieben kann, um streng zu fragen: Was gibt's? Jedes Mal, wenn dir eine Tür so geöffnet wird, wirst du annehmen, dass sie mit einer Kette gesichert ist und von dieser mit einem Ruck angehalten wird, der umso heftiger ausfallen muss, je zackiger die Tür aufgerissen und die Kette gespannt wurde. Falsch, Millionen Mal falsch! Dieser Typ legt gar keine Kette vor, er verteidigt sich nicht gegen die Welt, im Gegenteil, er greift sie an. Der Ruck, mit dem die Tür stehen blieb, nachdem sie sich geöffnet hatte, haargenau um die Breite seines Kopfes, kommt daher, dass er sie mit einem Ruck vom Rahmen trennte und mit einem zweiten Ruck anhielt, als sie so weit offen war, wie er für nötig befand. Das macht er so, weil er alles so macht, er ist in allem kurz und effizient, er ruckt und zuckt schlechthin. Deshalb fragt er auch: Was gibt's?, und nicht: Wer sind Sie? Ihm doch egal, wer du bist, er fragt sich nicht einmal, wer er selbst ist, ihm liegt nur daran, die Sache rasch hinter sich zu bringen. Seine hastige Frage, das scheinbar nervöse Öffnen der Tür, der Spalt, der nur sein Gesicht freigibt, all das macht dich neugierig, und du kämpfst darum, eingelassen zu werden. Aber in deiner Dummheit oder Naivität weißt du nicht, das heißt, du vergisst völlig, dass dich drinnen gerade dieser erwartet, der dir die Tür geöffnet hat, also einer, der immer genau weiß, was er will und wie man es am leichtesten erreichen kann, also einer jener absurden Erfolgsmenschen, die das Prädikat langweilig nicht verdienen, weil sie die Langeweile in Person sind.

Ohne Kette an der Tür kommen auch diejenigen aus, die man dem herzlichen Charakter zuordnen muss: Auch sie öffnen schon beim ersten Klingelton. Aber sie öffnen dir in der Regel so weit, dass die Tür im rechten Winkel zur Wand steht, sie zeigen sich in voller Größe und sprechen dich an. Mit der Linken halten sie die Klinke, und die Rechte ist bereit, dich hereinzubitten.

Diese Leute sind sozusagen dafür geboren, jeden einzulassen und am Ende immer als die Betrogenen dazustehen. Dass dich dein herzlicher Gastgeber nicht hereinbittet, bevor er dich angesprochen hat, liegt keineswegs daran, dass er beim vorigen Mal einem Betrug zum Opfer fiel. Dieser Typus ist ausgesprochen charaktervoll, und einem charaktervollen Menschen gelingt es nicht, etwas zu lernen, was seinem Charakter widerspricht, und Misstrauen gegen die Welt würde seinem Charakter zutiefst widersprechen. Er hat dich nicht sofort hereingebeten, denn er ist taktvoll und gut erzogen und weiß, dass er keine Freundlichkeiten anbieten oder gar erweisen darf, um die er nicht gebeten wurde. Darum wartet er mit der Aufforderung, bis du gesagt oder gezeigt hast, dass du eintreten möchtest.

Dadurch unterscheidet sich der herzliche Typus wesentlich von der Frohnatur. Die Frohnatur hat nämlich keinen Takt und ist nicht erziehbar, die Ärmste freut sich des Lebens und vergisst, dass es auf der Welt auch Böses gibt. Sie freut sich über angemeldete und unangemeldete Gäste. Die Tür wird mit Schwung aufgerissen, sodass sie gegen die Wand knallt, wenn sie nicht durch einen Gummipfropfen am Boden gestoppt wird. Die Frohnatur erwartet nichts und bittet dich sofort herein, weil sie sich auch über dich freut. Sie sind wunderbare Menschen, die reine Freude in den Augen derer, die eine Frohnatur ertragen können.«

Diesen Unsinn erzählte ich meiner Frau, die am helllichten Tag im Bett lag, ich wollte sie damit ein wenig aufmuntern, denn H. hatte wieder mal das Unmögliche geschafft, sich mitten im Juli entsetzlich zu erkälten, sodass sie vor Husten und Fieber nicht aufstehen konnte. Aber bevor ich die Ergebnisse meiner Bemühungen abwarten konnte, klopfte es an unsere Tür.

Die Sara, der ich öffnete, hatte keine Ähnlichkeit mehr mit der Sara, die mir vor zwei Tagen geöffnet hatte. Keine Spur von jener Heiterkeit, die jeden erwärmte, den sie ansah, nichts mehr von der Härte, mit der sie Dubravko und mich verabschiedet hatte, nichts mehr von der Kraft, die ihr Gesicht, ihre Stimme, jede ihrer Bewegungen ausgestrahlt hatten. Vor mir stand eine müde, verstörte Frau, die nicht wusste, was sie wollte, und die auch nicht wusste, wie sie sich vor dem schützen sollte, was sie nicht wollte, ein bedauernswertes Geschöpf, das mit Sicherheit nur eines nicht wollte: hier sein. Ich weiß nicht, ob sich dieses Hiersein nur auf ihre eigene Existenz bezog, wahrscheinlich galt es auch für die ganze Stadt, zumindest für bestimmte Orte, und für unsere Wohnung galt es ganz bestimmt. Nach anfänglichem Zögern trat sie auf unser Drängen hin endlich ein, weigerte sich aber, Platz zu nehmen, sie lehnte auch die angebotene Zigarette ab, trinken wollte sie ebenfalls nichts, und diese Bockigkeit verschuldete schließlich einen dummen Fauxpas, der für sie viel peinlicher war als für uns und ihre Anspannung ins Unerträgliche steigerte.

Obwohl sie sich nicht setzen wollte, musste ich sie begreiflicherweise mit H. bekannt machen, die hustend und niesend auf ihrem Lager am Boden lag. Sara reichte ihr im Stehen die Hand, sodass H. genötigt wurde, sich zu erheben. Sie tat es auch, weil sie von mir wusste, dass Sara diese Hochachtung verdiente, was diese aber wiederum entsetzte und zu langen Erklärungen veranlasste, dass sie es sich nicht so gedacht habe, Gott behüte, jemandem so etwas zuzumuten, noch dazu einer kranken Frau. Dieser kleine Fauxpas veranlasste sie, sich endlich doch zu setzen und eine von mir gedrehte Zigarette anzunehmen.

»Gilt das Angebot immer noch?«, fragte Sara, als wir uns endlich zu H. auf den Boden gesetzt hatten.

»Sie haben es sich also überlegt? Das freut mich sehr, ich glaube, es ist nur vernünftig«, antwortete ich eilig. Ich wollte sie ermutigen und hoffte, ihren Beschluss unterstützen zu können.

»Gilt es?«, wiederholte Sara, die meine Erleichterung nicht zu bemerken schien.

»Ich denke schon, warum sollte sich etwas geändert haben?«, antwortete ich. »Von mir hängt hier sehr wenig ab, eigentlich gar nichts, darum müsste ich mich zurückhalten, aber ich kann mir nicht vorstellen, dass sich in den zwei Tagen etwas verändert hätte. Es ist ja nichts Besonderes passiert.«

»Gilt Ihr Angebot, die erforderlichen Dinge zu beschaffen? Das ist meine Frage. Und wie groß ist Ihr Einfluss, wie weit reicht Ihre Freundschaft, ich meine, dort, an der zuständigen Stelle, wo man diese Sachen kriegen kann«, fragte Sara und verwickelte sich und mich immer tiefer in die Geheimnistuerei. »Ich meine, sind Sie gut genug befreundet, das würde mich schon interessieren.«

»Mein Angebot gilt natürlich, ich werde tun, was ich kann, da gibt es überhaupt keine Diskussion«, sagte ich, nachdem ich begriffen hatte, dass Sara an die Taufurkunden dachte. »Aber die zweite Frage verstehe ich nicht. Was heißt gut genug befreundet? Gut genug für wen? Wofür?«

»Für die beiden ... das sind ja nicht einfach normale ...« Sara verhaspelte sich.

»Wenn ich störe, kann ich hinausgehen«, sagte H. und stand auf. Wie immer, wenn sie wütend oder beleidigt ist, sprach meine Frau unmäßig laut, ganz entgegen ihrer sonst eher stillen Art, und das veranlasste Sara wahrscheinlich zu ihrem selbstmörderischen Entschluss.

»Aber nein, das sind Dummheiten!« Sie sprang erregt auf und wandte sich zur Tür. »Ich meine, ich mache Dummheiten«, rief sie meiner Frau zu, hielt inne und drehte sich zu mir um, als schuldete sie mir eine Erklärung: »Vor einer Frau des Hauses redet man nicht in Rätseln ... Am besten, ich gehe.«

Es gelang mir, Sara auf ihren Platz und H. auf ihr Lager zurückzudirigieren, dann setzte auch ich mich wieder hin und bat die Damen, etwas vernünftiger zu sein.

»Ich kann vernünftig sein, wenn ich wenigstens ansatzweise verstehe, worum es hier geht«, antwortete H. unvermindert laut. »Wenn ihr die Güte hättet, mir zu erklären, was los ist, könnte ich vielleicht ruhig und vernünftig sein und was sonst noch alles von mir verlangt wird.«

»Es geht um Taufurkunden«, sagte ich kurz, in der Hoffnung, den Weitergang des Gesprächs und die verfrühte Entdeckung meiner Pläne verhindern zu können.

»Und die Dame braucht gleich zwei?«, fragte H. nicht ganz überzeugt. »Meinen Sie, dass zwei Taufscheine glaubhafter wirken, oder sind Sie wirklich zweimal getauft, Frau Serafina?«

»Sara, ich heiße Sara«, erwiderte Sara mechanisch und stand wieder auf, um zu gehen. »Ich habe alles verpatzt, und wir wissen nicht mehr, wovon wir reden. Ich bin wirklich getauft worden, gleich hier nebenan in der Josephskirche, das Problem ist, dass nicht ich einen Taufschein brauche, sondern dass ich die Urkunden für zwei Menschen auftreiben muss, die nicht getauft sind. Aber ich fürchte, dass ich die Dinge schon nicht mehr entwirren kann.«

»Sie sollten es trotzdem versuchen«, schlug H. in beruhigendem Ton und mit ihrer normalen, leisen Stimme vor; sie lud die verzweifelte Sara mit einer Geste ein, wieder Platz zu nehmen. »Das wäre ein schlechter Anfang unserer Bekanntschaft, und dabei bin ich sicher, dass wir Freundinnen werden könnten, mein Mann hat so begeistert von Ihnen erzählt ... Ich bitte Sie.«

»Ich gehe ganz bestimmt nicht«, erklärte Sara, noch immer an der Zimmertür. »Aber Antonija möchte weg, ich brauche die Sachen für sie und Kenan.«

»Einen Taufschein für Kenan?«, fragte H. mit einem spöttischen und zugleich verlegenen Lächeln.

»Dumm, nicht wahr?«, fragte Sara zurück.

»Allerdings«, stimmte H. zu.

»Eben darum geht es, meine Liebe, und deshalb frage ich, wie eng er mit den Zuständigen befreundet ist«, erklärte Sara. »Ich brauche keine Freunde, um einen Taufschein zu bekommen, ich bin getauft und kann den Schein anfordern, wann immer ich will. Auch für Antonija ließe es sich ohne Beziehungen regeln, notfalls lässt sie sich jetzt taufen, und dann kann ihr niemand das Papier verwehren. Aber versuch mal, von der Kirche ohne enge freundschaftliche Bindungen einen Taufschein für einen Muslim zu erhalten! Wie schafft man das?«

»Sehr schwierig«, gab H. zu. »Jetzt ist mir klar, dass mein Mann einen Priester zum Freund haben muss, der den Taufschein ausstellen würde, aber ich weiß nicht, wozu das alles gut sein soll.«

»Damit Antonija ausreisen kann, das habe ich doch schon gesagt«, rief Sara ungeduldig.

»Aber ich verstehe nicht, wozu der Taufschein«, beharrte H. »Ist das eine Bedingung für die Ausreise?«

»Das weiß er besser, er erledigt das für euch alle, er hat es mir erklärt und mir Probleme bereitet.« Sara zeigte mit dem Finger auf mich.

Nicht er, sondern Dubravko, und letzten Endes weder er noch Dubravko, sondern deine fabelhafte Schwester und ihr hoch geschätzter Mann, dachte ich erbittert, weil mir Saras Ungeschick alle Pläne verdarb. Ich hatte nämlich von Anfang an den Plan einer Ausreise vor H. geheim halten wollen, um alle Gespräche, Debatten und Erklärungen zu vermeiden, die so qualvoll werden und so wehtun würden, dass unsere Beziehung für immer davon gezeichnet sein würde. Aber das wäre vollkommen verkehrt gewesen, es hätte der Wirklichkeit unserer Beziehung nicht entsprochen: der Liebe. Unserer Liebe und unserer ungetrübten Freude aneinander. Darum war es mir so wichtig, alle Gespräche über die geplante Ausreise zu vermeiden, insgeheim alles Nötige vorzubereiten und dann, wenn mir Dubravko den Tag des Aufbruchs bekannt gab, am Vorabend mit ihr zu sprechen, ihr alles zu sagen, ihr beim Packen zu helfen und die letzte Nacht mit ihr zu verbringen, die bei uns beiden keinen Zweifel an dem hinterlassen würde, was wir aneinander gehabt hatten und was wir jetzt tun würden, und die für alle Zukunft, selbst wenn wir uns nie wieder sehen würden, ein klares Bild unserer Liebe und eine gerechte Erinnerung bewahren würde.

So hatte ich es nach bestem Wissen und Gewissen geplant, aber ich konnte nicht danach handeln. Sara ließ es nicht zu. Das Gespräch zwischen den beiden Frauen, das ich weder verhindern noch beeinflussen konnte, zwang mich, schon jetzt den ganzen Plan mit Dubravko, Barić und den anderen zu verraten. Als ich fertig war, sah mich H. in der dumpfen Stille lange und mit weit offenen Augen an (ein Zeichen, dass sie zornig oder beleidigt oder beides war, ein Zeichen, dass sie sehr laut sprechen würde, falls sie zu Wort kam).

»Und du hast wirklich geplant, dass auch ich zu den Leuten gehören werde, die dein Barić retten soll?«, fragte H. nach einiger Zeit.

»Darüber möchte ich jetzt nicht debattieren«, unterbrach ich energisch (versuchte ich zu unterbrechen).

»Ich auch nicht. Niemals!«, rief H. »Wenn wir darüber debattieren würden, könnte mir aufgehen, was deine Absicht war, und das würde ich dir nie verzeihen.«

»Darum geht es, du verstehst alles, dir brauche ich nichts zu erklären«, rief Sara erleichtert, die meine Frau jetzt plötzlich duzte. »Dir ist klar, dass wir für die beiden kämpfen müssen.«

»Natürlich«, erwiderte H. »Aber mit kühlem Kopf und in aller Ruhe. Wenn wir es geschickt anstellen, könnte es auch funktionieren.«

Da ich nichts verstand, aber an der Wendung, die zu dieser neuen Situation geführt hatte, sehr interessiert und für die Verwirklichung der Pläne unumgänglich war, schilderte Sara kurz die Vorgänge der letzten beiden Tage. Gleich nachdem Dubravko und ich uns verabschiedet hatten, war Antonija nach Hause gekommen, sie hatte sich die ganze Zeit unten bei den Garagen aufgehalten und uns kommen und gehen sehen, ohne zu ahnen, dass wir zu ihrer Mutter wollten. Sara hatte beschlossen, ihr nichts über den Anlass unseres Besuches und die sich abzeichnende Möglichkeit einer Ausreise zu sagen, weil sie wusste, dass Antonijas Angst unerträglich war und sie die erste Gelegenheit ergriffen hätte, rauszukommen, auch wenn Kenan ihr nicht folgte. Aber Sara hatte das Geheimnis nicht lange bewahren können (»So bin ich eben, ich platze mit allem heraus, statt es für mich zu behalten«, sagte sie wütend), und noch in derselben Nacht, während ich wegen des Artilleriefeuers vor meinem Haustor zitterte, hatte sie ihrer Tochter alles erzählt. Sara wusste, dass Antonija der Versuchung nicht würde widerstehen können, die Stadt zu verlassen, die fürchterlichsten Strapazen würde sie in Kauf nehmen, nur um endlich keine Angst mehr haben zu müssen, aber Sara wusste auch, dass das arme Mädchen an einen Weggang nicht einmal denken durfte, weil die Vorbedingung dafür ein Taufzeugnis war. Sodass Antonijas Verlobter Kenan nicht mit ihr gehen konnte, und das ...

Antonija war kein besonders erfolgreicher und zielstrebiger Mensch. Zuerst hatte sie Anglistik, danach Architektur studiert, sich aber die ganze Zeit gefragt, ob es wirklich das war, was sie wollte. Neben dem Studium fand sie Dutzende Jobs, die sie gleich wieder aufgab, weil nichts ihren Interessen entsprach. Obwohl sie inzwischen über dreißig war, hatte sie bestimmte Fragen der weiblichen Lebensform noch nicht für sich entschieden, zum Beispiel, ob sie sich schminken sollte und wenn ja, wie, welche Mode am besten zu ihr passte oder in welcher Kleidung sie sich am wohlsten fühlte ... All das war fließend, unsicher, vom Augenblick abhängig. Das Einzige, was in ihrem Leben stabil, dauerhaft, zweifelsfrei und unveränderlich war, war ihre Liebe zu Kenan. Sie waren schon seit der Zeit zusammen, als Antonija noch Anglistik studiert hatte (Sara mochte nicht schwören, dass sie nicht seinetwegen zur Architektur gewechselt hatte), Kenan zeigte viel Verständnis und Geduld für ihre Krisen und Wandlungen; seit er vor ein paar Jahren Arbeit gefunden hatte, sprachen sie von Heirat, schmiedeten Pläne für ihr gemeinsames Leben, und während dieser zehn Jahre war weder bei ihr noch bei ihm der leiseste Zweifel an dieser Liebe aufgetaucht.

Wenn sich überhaupt jemand eine Vorstellung davon machte, wie groß Antonijas Angst war, wenn überhaupt jemand die entsetzliche Not des Mädchens nachempfinden konnte, dann war es ihre Mutter Sara (»Mir braucht niemand zu erzählen, was für eine fürchterliche Angst sie hat, und ich kann niemandem erklären, wie mir zumute ist, wenn ich seit Monaten mit ansehen muss, dass sie am ganzen Leibe zittert wie ein Vögelchen«, rief Sara plötzlich, als wehrte sie sich gegen einen von uns nicht ausgesprochenen Einwand). Aber sie, Sara, eine schon ältere und vom Leben geprüfte Frau, wisse zuverlässig und aus eigener Erfahrung, dass es weniger schlimm sei, all das zu erdulden, als auf die Liebe und den sicheren Ort zu verzichten, um den sich das ganze Leben drehte. Deshalb war sie dagegen, dass Antonija wegging, darum hatte sie diese Möglichkeit bei Dubravkos und meinem Besuch überhaupt nicht erwähnt.

»Man kann mir nicht unterstellen, ich sei gegen ihre Ausreise. Antonija ist mein Ein und Alles, für mich wäre der Krieg schon zu Ende, wenn ich ihre Angst nicht mehr mit ansehen müsste.« Sara redete so erbittert und leidenschaftlich, als wollte sie jemanden überzeugen, als kämpfte sie einen verzweifelten Kampf weiter, den sie schon vor seinem Beginn verloren hatte. Ich begriff, dass Sara sich nicht gegen uns wehrte, dass sie, wenn sie wie zur Verteidigung laut wurde, nicht auf unsere von ihr vermuteten Einwände reagierte, sondern das Gespräch mit der Tochter fortsetzte, das sie noch immer quälte und das sie so gern zu einem einvernehmlichen Ende gebracht hätte.

Seit zwei Tagen hatten Sara und Antonija geredet, geweint, gestritten. Antonija wollte auf kein einziges ihrer Argumente hören, sie fühlte sich wie ein neuer Mensch, seit sie erfahren hatte, dass es eine Möglichkeit gab, hier rauszukommen, sie wollte auf der Stelle gehen, bloß keine Zeit mit dem Zusammenpacken ihrer wichtigsten Dinge verplempern (»Wie könnte ich, wenn es das Wichtigste für mich ist, von hier wegzukommen!«). Sara dagegen beschwor sie, ruhig zu bleiben, nachzudenken, abzuwägen (»Die endgültigen Entscheidungen sind immer die leichtesten, sie treffen sich von selbst, man muss über die kleinen Dinge nachdenken, die Nebensächlichkeiten, die für den Entschluss wichtig sind«). Zuletzt mussten sie dann doch über das sprechen, was sie beide beharrlich umgangen hatten – Kenan und ihre Liebe. Und wieder redeten sie hoffnungslos aneinander vorbei, weil Antonija nur an den Augenblick dachte, während es Sara auch um das ging, was in einem Jahr sein würde. Antonija wäre auch ohne Kenan weggegangen, selbst wenn schon feststünde, dass er nie die Möglichkeit zur Ausreise bekommen würde. Sie wusste genau, wie viel ihr Kenan und ihre Liebe bedeuteten, und Kenan wusste das auch, er würde sicher verstehen, dass es hier gar nicht um Antonijas Entscheidung ging, weil das Ganze gar nicht von ihrem Willen abhing, ihre Ausreise also keine Frage des Wollens oder Nichtwollens war. Sie hielt es einfach nicht mehr aus. Nicht dass sie hätte gehen wollen, nein, sie musste jetzt gehen, um morgen ein normales Leben führen zu können.

Sara gestand ihr alles zu, nur das nicht. Antonija durfte nicht ohne Kenan weggehen. Sie konnte ihr Leben retten, aber dieses Leben würde bis zu ihrem Tod nur ein Überleben sein. Sie würde nichts von diesem Leben haben, denn sie hätte ihre Liebe verloren, ein Leben nach diesem Verlust konnte man nicht Leben nennen. Ein solch grauenhaftes Schicksal möchte man seinem ärgsten Feind nicht wünschen.

Am Ende einigten sie sich darauf, dass es natürlich am besten wäre, wenn beide zusammen weggehen könnten (»Das wäre wunderbar, in dem Moment wäre für mich der Krieg mit all seinen Problemen vorbei«, sagte Sara). Und wenn das nicht möglich war, würde Antonija allein gehen, mit Saras Hilfe oder ohne, jedenfalls ohne Rücksicht darauf, was jemand darüber denken oder reden mochte, ohne Rücksicht auf den Preis, den sie für diesen Weggang zahlen würde, und wenn sie ihn lebenslang zahlte. Übrigens würde nur Antonija zahlen (»und das ist gerade mein Problem«, erklärte uns Sara, »wenn ich den Preis zahlen könnte, würde ich das arme Kind sofort gehen lassen«).

Danach schwiegen wir lange. Man hörte nur den schweren Atem meiner erkälteten Frau, das unverständliche Gespräch zweier Menschen unter unserem Fenster und den hartnäckigen Versuch, ein Auto zu starten, das ebenso hartnäckig nicht anspringen wollte (sicher vor

Dervos Polizeistation, wo sonst in der Nähe sollte ein Auto stehen). Eine Frau kicherte, und der unverständliche Dialog brach ab.

»Ich müsste also den Taufschein für Kenan besorgen?«, fragte ich düster und unterbrach die lange, lastende Stille.

»Ja«, stimmte Sara zu, »Sie sagten doch, dass es ohne nicht geht.«

»Ist Ihnen klar, dass er auch alle anderen Dokumente braucht, die auf den Taufnamen lauten?«, fragte ich weiter.

»Sie können das ohne Probleme veranlassen, ich werde alles bezahlen«, ermunterte mich Sara, die anscheinend Eile hatte, die Sache auch in praktischer Hinsicht zu Ende zu bringen, nun, da alles geklärt, benannt und beschlossen war.

»Aber was wollen Sie bezahlen? Wie denn? Und wem?«, fuhr ich sie an, ihre blinde Hoffnung, ihre Gier nach einem bestimmten Resultat, ohne nach Gründen und Hindernissen zu fragen, machte mich wütend.

»Was haben wir dir getan, dass du so schreist?«, warf H. streitlustig ein.

Ich hatte gar nicht bemerkt, dass sich zwischen den beiden und mir eine Kluft aufgetan hatte, ich wusste nicht, wie es dazu gekommen war und an welchem Punkt unseres Gesprächs und ob die beiden sich dessen bewusst waren. Jedenfalls lag ein Graben zwischen uns. Ich würde sagen, dass H. ihn als Erste, noch vor mir, registrierte (fühlte) und ihr gereizter Ton eine Reaktion darauf war.

»Ich weigere mich, bei diesem Unsinn mitzutun, ich kann das nicht, ich bin gegen diese irrwitzige Idee«, tobte ich.

»Aber es wäre wunderbar von dir, wenn du mitmachen

würdest. Schon wegen all der Liebe, die du selbst erfahren hast. Damit würdest du deine Dankbarkeit zeigen«, ermahnte mich H. ruhig und irgendwie traurig.

»Ich soll bei Kenans Christianisierung mitmachen? Hat der Arme nicht auch ohne mich schon mehr als genug davon, mein Gott? Verlangst du das von mir?«, schrie ich.

»Nein, um Gottes willen«, schrie nun auch Sara. »Es wäre doch nur zum Schein, damit er hinauskann. Er würde Kenan bleiben.«

»Ich bitte dich nur, bei der Rettung einer Liebe zu helfen, du weißt, dass ich etwas anderes nicht im Traum von dir verlangen würde, mein Liebster. Kenan wird kein Haar gekrümmt, du könntest ihm einfach helfen, mit der Frau, die er liebt, wegzugehen«, erklärte H. leise.

»So ist es, du verstehst alles, bei Gott«, bedankte sich Sara bei meiner Frau für ihre Unterstützung und wandte sich dann an mich. »Antonija geht auch ohne Kenan, sie hält es nicht mehr aus. Seit sie weiß, dass diese Möglichkeit besteht, ist alles noch schwerer für sie. Ich habe ihr Hilfe versprochen, ich konnte nicht anders in diesem schrecklichen Gespräch. Wenn sie ohne ihn geht, wird sie das sich und mir nie verzeihen, und in dem Fall möchte ich lieber nicht gelebt haben.«

Zwischen Sara und H. war bereits eine jener Freundschaften entstanden, die in größtmöglichem Verständnis, in Solidarität und in dem ganz konkreten Bedürfnis gründen, bei der Lösung eines ganz konkreten Problems zusammenzuwirken. Nach meiner Erkenntnis ist diese Art Freundschaft charakteristisch für Frauen, das heißt, sie entsteht zwischen Frauen, die bestimmte Erfahrungen gemacht haben. In so einer Freundschaft gibt es keine Liebe, wahrscheinlich auch keine besondere Sympathie, sodass sie schmerzlos erlöschen kann, sobald das Problem, dessentwegen sie entstand, verschwunden ist. Aber obwohl sie in dem gemeinsamen Bemühen um die Lösung eines konkreten Problems gründet, gibt es in so einer Beziehung zwischen zwei Frauen kein bloßes »gemeinsames Interesse«, sie ist weit mehr als das und darum eine aufrichtige Freundschaft.

Wohl weil ich eifersüchtig auf diese Freundschaft war, mich ausgeschlossen fühlte und weil von mir etwas verlangt wurde, was ich absolut nicht wollte, geriet mein Ton gröber als nötig und sehr viel gröber, als ich beabsichtigt hatte.

»Machen Sie sich doch nichts vor, gute Frau«, rief ich. »Von hier geht man weg, um seinen Arsch zu retten, darum geht es. Erst wenn der geehrte Arsch in Sicherheit ist, geht es los mit Psychologie, Empfindsamkeiten, tieferen Wahrheiten, moralischen Dilemmas und Trilemmas. Aber Sie werden mir zustimmen, dass es einem gut geht, sobald die Psychologie ins Spiel kommt. Wenn Antonija sich damit beschäftigt, ob sie verzeihen kann oder nicht, ob ihre Liebe erprobt oder verraten ist, wird Ihnen klar, dass es ihr gut geht. Darum sehe ich wirklich nicht, warum Sie sich über all das aufregen und mich in aller Unschuld damit quälen.«

»Aber wir haben keine Ahnung, wie das aus der Perspektive der Leute aussieht, die ihren Arsch nicht gerettet haben und nicht retten wollten«, sagte H. mit einem hässlichen Unterton in der Stimme. »Wie steht es denn bei denen mit Psychologie und tieferen Wahrheiten? Können sie überhaupt nach Liebe fragen, wenn ihr Arsch nicht in Sicherheit ist?«

»Gut, lassen wir das jetzt«, versuchte ich abzulenken.

»Okay, unwichtig, ich wollte nur sagen, dass Sara über Liebe anders nachdenkt als Leute, die nur aus ihrem Arsch bestehen. Vielleicht hat sie gehört, dass du selbst einmal geglaubt und zahllose Male behauptet hast, dass der Mensch nicht nur aus seinem Arsch besteht. ›Was übrig bleibt, wenn man Arsch und Bauch abzieht, das ist der Mensch‹, waren das nicht deine Worte?«

Wieder trat eine nervöse, quälende, angespannte Stille ein. Nach längerem Schweigen meldete sich Sara mit gesenktem Blick und leiser Stimme, als spräche sie zu jemand Abwesendem.

»Meine Schwester Andjelina hat mir zwei Mal das Leben gerettet. Einmal, als wir klein waren, ich ging damals in die zweite Klasse, und dann ein paar Jahre später, da war ich zwölf und sie schon fast eine junge Dame. Dieses zweite Mal ist für mich entscheidend, davon muss ich Ihnen erzählen, damit Sie mich jetzt verstehen, wenn ich von Antonija rede.«

Es war Ende Februar 1942. Nach einem harten Winter, der die ganze Welt zu vereisen und unter Schnee zu vergraben drohte, meldete sich von fern der Frühling, die Stadt roch nach herbem jungem Grün. Die Miljacka schwoll an wie ein richtiger Fluss, es bestand die Gefahr, dass sie über die Ufer trat, die ländliche Vorstadt Čengić-Vila sah aus wie ein See, und weiter, bis nach Hrasnica, würde man freiwillig nur gehen, wenn man unbedingt musste. Aber die Spannung, die in der Luft lag, war nicht bedrückend, sondern heiter, gelöst, frisch, als hätte sich die prickelnde Angst der Kinder vor einer Überschwemmung über die ganze Stadt und die ganze Welt verbreitet. Oder kam die Heiterkeit daher, dass alles besser war als der vergangene Winter, nach dessen Starre all das Wasser belebend wirkte?

Sara und ihre beste Freundin Ela Kamhi gingen nach Schulschluss nicht nach Hause, sondern zur Lateiner-Brücke, um zu sehen, wie gefährlich die Miljacka angeschwollen war. Sie war wirklich ein gewaltiger Fluss geworden, und es war aufregend, im Schutz der steinernen Brüstung zu stehen und zu beobachten, wie die schäumenden Wassermassen gegen die Brücke andrängten und sie wegzureißen drohten, mitsamt der Brüstung und den Mädchen, die sich von der Kraft des Wassers magisch angezogen fühlten. Es war ein glückliches, schönes Gefühl, frei von Angst, Drohung, Wut. Vielleicht blieben sie deshalb so lange dort, viel länger, als sie wollten und als es ratsam war, in diesen Zeiten draußen an einem Fleck zu stehen. Es war schon spät am Nachmittag, als sie endlich den Heimweg antraten.

Wie narkotisiert vom Blick auf das mächtige schäumende Wasser, den sie so lange genossen hatten, vertieft in ihr vertrauliches Gespräch (wer kein Mädchen in diesem Alter war, kann sich nicht vorstellen, wie intensiv sich die beiden Freundinnen unterhielten), hatten sie gar nicht gemerkt, dass sie sich schon auf dem Platz vor dem Nationaltheater befanden. Erst der höfliche junge Mann in Uniform, von dem sie angehalten wurden, brachte sie wieder in die Wirklichkeit zurück, der sie für einen ganzen Nachmittag entflohen waren – Krieg, Hunger und Elas unannehmbare Nationalität und Religion.

Auf dem Platz parkte ein Lastwagen mit aufgerollter Plane und drei Bankreihen auf der Ladefläche, wo bereits mehrere Menschen saßen. Um das Auto standen etwa zehn Soldaten und am Rand des Platzes und in seinen Seitenstraßen weitere zehn, die verdächtige Passanten aufhielten und ihre Ausweise kontrollierten.

Wie sich zeigte, waren die beiden Mädchen verdächtig wegen Elas Aussehen; für Sara war sie das schönste und aufregendste Mädchen, das sie je gesehen hatte – ein milchweißes Gesicht, umrahmt von rabenschwarzem Haar. Ela wusste, dass diese Kombination bestimmten Leuten in die Augen springen musste, und sie wusste, dass es klug gewesen wäre, das Haar unter einer Kappe zu verbergen, denn es waren Zeiten, wo man nicht auffallen durfte, selbst wenn man einen annehmbaren Namen hatte, sie wusste es und richtete sich auch meistens danach. Heute jedoch hatte sie es nicht fertig gebracht, der Tag war herb und voll von jungem Grün und sie selbst so schön mit ihrem offenen Haar und so verwirrt durch das, was sie mit ihren zwölf Jahren zu ahnen begann und was sie beim Blick in das brausende Wasser so bedrängt hatte. Du kannst nicht immer vernünftig sein, wenn du mit zwölf Jahren zu schön bist, so schön, dass du trotz aller Angst Stolz empfindest und ihn nicht verbergen kannst, wenn sich tief in dir etwas zusammenzieht. Beim Lastwagen sagte ein Mann in Zivil zu einem Uniformierten, hier könne kein Zweifel bestehen, die breite Nase, die vollen Lippen, das spitze Kinn in diesem weißen, von solcher Haarflut umflossenen Gesicht. Ja, alles klar, sagte der Mann in Zivil. Dann fragte er Ela nach ihrem Namen, und es zeigte sich, dass die beiden zu Recht verdächtig waren.

Über eine Planke mit Lattengeländer stieg Ela auf den Wagen und setzte sich in die zweite Reihe. Dann fragte der Zivilist Sara, wie sie heiße, und sie sagte laut und deutlich »Sara«. Warum sie noch warte und nicht einsteige, hieß es weiter, und an seiner Stimme war nicht zu erkennen, ob er spöttisch oder wütend war, weil Sara ihm zusätzliche Mühe verursachte. Sara kletterte hinauf und setzte sich in die zweite Reihe neben Ela.

In diesem Moment kam Saras Schwester Andjelina, Schülerin des Ersten Gymnasiums, über den Platz. Sie war auf dem Nachhauseweg und entdeckte ihre Schwester, als die sich gerade hinsetzte. »Serafina, was machst du da oben?«, schrie Andjelina und trat dicht an das Fahrzeug.

»Was hast du gesagt?«, fragte der Mann in Zivil.

»Serafina«, antwortete Andjelina. »Sie ist meine Schwester und heißt Serafina.«

»Kannst du das beweisen?«, fragte der Mann mürrisch.

»Mein Onkel kann es bezeugen«, antwortete Andjelina, ob sie ihn holen dürfe.

»Beeil dich«, sagte der Mann in Zivil, »wir haben Besseres zu tun, als uns mit euch beiden herumzustreiten.«

Andjelina rannte hinüber zur Postdirektion, gleich um die Ecke am Ufer, wo der Bruder ihrer Mutter, ein beim damaligen Regime ziemlich angesehener Mann, arbeitete. Zum Glück ließ man sie ohne weitere Fragen zu ihm vor, er kam sofort mit zum Lastwagen und bestätigte atemlos, es handele sich um Serafina, die jüngere Tochter seiner Schwester Sowieso, einer untadeligen Person. All das bekräftigte er mit seinem Ausweis und seinem militärischen Rang, den er als Reservist tragen durfte, und machte damit tiefen Eindruck.

»Wieso hat dann die Kleine von einer Sara geredet?«, fragte der Mann in Zivil, der den Onkel nun sehr liebenswürdig behandelte und nicht recht wusste, ob er vor ihm strammstehen sollte, also stand er kurz stramm, dann schwenkte er die Arme, damit man sah, dass er nicht strammstand, danach kam er wohl zur Einsicht, dass der Teufel nicht schläft und es immer am klügsten ist, vor angesehenen Menschen strammzustehen, weil sie alle irgendwie Militärs waren. Dann regte er sich trotzdem wieder, wohl aus Angst, der Onkel könnte denken, dass er ihn für einen gewöhnlichen Militär hielte. Sicher sollte auch diese Frage eher seine Rechtfertigung sein, weil er die Kleine auf das Auto geschickt hatte, als eine Frage, die wirklich eine Antwort erforderte.

»Das ist ihr Kosename, ich habe sie so genannt, als wir noch ganz klein waren«, erklärte Andjelina beflissen.

»Ach so«, nickte der Mann in Zivil. »Mir war das zum Glück von Anfang an unklar, dieses schöne blonde Haar wie reifes Korn, das passt mir nicht zu einer Sara.«

»Sie kennen Ihre Aufgaben und Ihre Arbeit gut, alle Achtung, mein Herr«, lobte der Onkel den Zivilisten, worauf dieser rot wurde, lauthals erklärte, man sei allzeit bereit, und Sara aufforderte auszusteigen.

Sie erhob sich, kletterte von der Ladefläche herunter und schmiegte sich an ihre Schwester. Als der Onkel sich von dem Mann in Zivil verabschiedet und den Rückweg angetreten hatte, was sie als Erlaubnis betrachten durften, sich zu entfernen, eilten sie nach Hause. Sie rannten, ohne den Boden zu spüren und ohne ihre Umarmung zu lösen, die hundert Meter nach Hause in die Kulović-Straße, wo sie damals wohnten.

Das ist, kurz gefasst, ohne Abweichungen, Ausschmückungen, überflüssige Erläuterungen und Gefühlsäußerungen, Saras Bericht darüber, wie ihr die jetzt in Zagreb lebende Schwester das Leben gerettet hatte. Wir schwiegen eine Zeit lang, Sara wahrscheinlich, um sich von den wieder aufgelebten Erinnerungen zu lösen und Atem zu schöpfen, und wir beide, um unsere Gedanken und Eindrücke zu sammeln.

Ein heftiger Schusswechsel setzte ein, wie es sich anhörte, aus der Richtung der Vrbanja-Brücke oder vom Jüdischen Friedhof her.

»Damit wir uns nicht falsch verstehen, muss ich Ihnen doch ein paar wesentliche Dinge erklären«, sagte Sara. »Ein zwölfjähriges Mädchen ist absolut kein Kind mehr, es ist reifer und verantwortungsvoller, seiner selbst und der Welt viel mehr bewusst als die gleichaltrigen Jungen. Das sage ich, damit Sie begreifen, dass mir natürlich klar war, was es bedeutete, auf das Lastauto zu steigen und dem Mann in Zivil zu erklären, ich hieße Sara. Wir wussten das alles, wir verstanden alles, Ela und ich. Wir kannten nicht die Namen der Lager und diese Dinge, wir kannten keine Einzelheiten oder genaue Fakten, aber wir wussten, dass Ela unannehmbar war und weshalb das so war und dass der Umgang mit ihr mich kompromittierte und ich darum in der Klasse keine Freunde hatte, wir wussten, dass es ungesund war, so umherzuspazieren, wie wir es an dem Tag taten, aber wir wussten auch, dass wir es an diesem Tag tun mussten, weil es Dinge gibt, die wichtiger sind als Gesundheit und Überleben. Ich glaube, wir wussten auch, dass wir später nicht mehr den Mut aufbringen würden, dass sich, wären wir an diesem Tag vernünftig gewesen, eine Angst in uns eingeschlichen hätte, von der wir uns nie wieder würden befreien können, und dass wir jene einzigartige Freude unwiederbringlich verlieren würden, die uns durch diesen Nachmittag trug. Wir wussten genau, was es bedeutete, auf den Lastwagen steigen zu müssen. Ich tat es Elas wegen, die meine beste Freundin war, aus Pflichtgefühl und weil ich den Ruf in mir hörte. Vielleicht mache ich mir etwas vor, wie Sie sagen würden, vielleicht habe ich es meiner Erinnerung nachträglich hinzugefügt und daran geglaubt, doch ich würde noch heute schwören, dass ich diesen Ruf gehört habe und ihm nur gefolgt bin.«

Sara hielt wieder inne, um tief Luft zu holen, denn das Geschützfeuer von der Vrbanja-Brücke verstärkte sich, sodass man lauter sprechen musste als gewöhnlich.

»Ich brauche Ihnen nicht zu sagen, wie dankbar ich in diesem Augenblick meiner großen Schwester war«, fuhr Sara fort, offenbar an mich gewandt, obwohl sie die ganze Zeit zu Boden blickte. »Nie habe ich sie so geliebt, nie war sie mir so nah, so wichtig, fast würde ich sagen, näher als ich mir selbst. Sie kam, rief mich bei meinem offiziellen Namen und rettete mich. Sie befreite mich von der Pflicht, mit Ela mitgehen zu müssen, sie brachte jenen Ruf in mir zum Schweigen, sie löste alles so, wie man es nur wünschen konnte. Es löste sich von selbst, einfach weil sie aufgetaucht war. Sie können sich nicht vorstellen, was das für eine Freude und Erleichterung ist, aus einem Lastwagen zu steigen, von dem Sie wissen, wohin er fährt. Es gibt keinen besseren Beweis meiner Liebe zu Ela als den, dass ich beim Herunterklettern meinen Jubelschrei unterdrückte. Aber ich konnte nicht das Bedürfnis unterdrücken, meine große Schwester zu umarmen und mich vor Freude an sie zu schmiegen.«

Sara musste immer lauter sprechen, weil auch die Artillerie zu schießen begann; sie legte häufig Pausen ein, die sie, wie ich glaube, eher zur inneren Sammlung brauchte.

»Monatelang dauerte diese verzückte Nähe, mein Glück, meine Dankbarkeit. Dann normalisierte sich das Leben irgendwie, zuerst sprachen wir nicht mehr davon, und später vergaßen wir Ela und den ganzen Vorfall, wir vergaßen sie einfach, auch ich. Nach langer Zeit, ich glaube, der Krieg war schon vorbei, erwachte in mir so etwas wie Schuldgefühl. Nein, es war kein Schuldgefühl, da gab es keine Schuld, eher eine Frage beziehungsweise eine ganze Reihe von Fragen. Hatte alles so kommen müssen, wie es gekommen war? Habe ich wirklich das bessere Teil erwählt? Kann ich je wieder eine beste Freundin haben? Ist nach Ela eine so strahlende Schönheit auf Erden noch möglich? Gibt es an den Tagen, da man den vorzeitigen Frühling spürt, mehr Leidenschaft, Schmerz oder Scham? Woher die Scham, die mich an solchen Tagen stets überkam? Bitte verstehen Sie mich richtig, Professor: Es sind nicht genau diese Fragen, ich versuche heute nur zum ersten Mal auszusprechen, was bisher gar keine Form hatte, in all den Jahren seit dem Ende des Krieges aber in mir war, verschwommen, unklar, unfassbar, wie ein Unbehagen. Es ist gut möglich, dass sich eine dieser Fragen, die sich nicht formulieren lassen, auch auf meine große Schwester bezog und dass sie ungefähr so lauten müsste: ›Wer hat sie gedrängt, mich zu retten?‹, oder ›Ist sie wirklich berufen, mich ständig zu retten?‹, oder so ähnlich. Ich glaube, manchmal tauchten diese Fragen auch eher als Gefühl auf: ›Sie soll sich zum Teufel scheren mit ihrer Retterei!‹, oder ›Wem liegt an meiner Rettung?‹ Ich wiederhole, dass keine meiner Fragen je eine klare Gestalt und Formulierung angenommen hat, niemals sind es fassbare Empfindungen gewesen, ihre Form, ihre Abfolge, die Möglichkeit, sie annähernd auszudrücken, all das wechselte von Tag zu Tag, von Stunde zu Stunde, je nach Situation, wie eine Wasserflut, die gegen ein Hindernis anströmt. Die Gegenwart der vielen unklaren Fragen in mir ist ebenso beständig wie meine Unfähigkeit, sie zu unterdrücken, zu vergessen oder wenigstens vorübergehend so zu tun, als wären sie nicht da, und das Unbehagen, das sie mir verursachen, hat mein ganzes Leben bestimmt. Verstehen Sie das, können Sie sich Jahrzehnte des Unbehagens vorstellen?!«

Sara schleuderte mir diese Frage fast schreiend entgegen, als wäre ich für ihr Problem verantwortlich, und sah mir zum ersten Mal ins Gesicht, seit sie ihren Bericht über den Vorfall aus dem Jahr 1942 begonnen hatte. Aber was für ein Blick das war! Lang und intensiv, als wollte sie bis auf den Grund meines Vorstellungsvermögens dringen und überprüfen, ob ich fähig war, zu begreifen, was sie von mir verlangte.

»Es wäre falsch zu glauben, dass ich negative Gefühle gegenüber Andjelina entwickelt hätte, Vorbehalte, Zweifel, oder dass meine Liebe zu ihr nachgelassen hätte. Nein, nach dem Krieg liebte ich sie noch genauso wie vor dem Krieg oder während des Krieges. Aber es gab nicht mehr diese Vertrautheit, Andjelina war mir nicht mehr so nah wie in jener Zeit und erst recht nicht mehr näher als ich mir selbst – so als hätten sich meine Fragen unmerklich zwischen uns gestellt und trennten uns von nun an, ohne Hoffnung auf eine neue Berührung. Nicht dass ich Andjelina etwas zur Last gelegt hätte, bei Gott nicht, und ich dachte nie, dass sie an den Fragen schuld sein könnte, die mich peinigten, aber ich möchte nicht beschwören, dass nicht doch ein bisschen von Letzterem im Spiel war. Das ist so, als ob Sie nicht selbst denken, sondern ein anderer in Ihnen denkt, als formte sich ohne Ihr Zutun ein Gedanke oder Hintergedanke in Ihnen: Würde ich ohne sie und ihre Rettungsmission an diesem Unbehagen leiden? Das dachte ich natürlich nie so deutlich und empfand es auch nie so, aber in den entlegenen Winkeln meiner Seele geisterte die Ahnung eines solchen Gedankens. Und das schuf dann eine Distanz zwischen uns, an die wir nicht gewöhnt waren und die wir nicht ertragen konnten. Wir sprachen nicht darüber, taten, als wüssten wir nichts davon, aber je mehr wir diese Distanz zwischen uns ignorierten, umso mehr spürten wir sie. Wir liebten uns wirklich, und es war klar, dass wir etwas so Einschneidendes nicht voreinander und nicht vor uns selbst verheimlichen konnten. Wir spürten, dass wir uns voneinander entfernten, wir litten darunter und hatten Angst, dass etwas noch Schlimmeres passieren könnte, wenn das so weiterging. Doch Andjelina, klug und praktisch, wie Gott sie geschaffen hatte, fand eine gute Lösung: Sie nutzte ihren Einfluss auf unseren Vater und ging, obwohl wir damals in bescheidenen Verhältnissen lebten, zum Studium nach Zagreb. Ich bin sicher, dass durch diese Trennung unsere schwesterliche Liebe gerettet wurde, dass wir uns deshalb über jede spätere Begegnung freuen konnten, dass wir uns noch heute lieben, weil sie damals nach Zagreb abreiste. So hat es sich dummerweise ergeben, dass ich meine Schwester fast verlor, weil sie mir das Leben gerettet hat, und sie mir dennoch bewahre, weil wir uns getrennt haben.«

Die Granaten schlugen jetzt auch in unserem Viertel ganz in der Nähe ein. Wir fragten einander mit Blicken, ob es Zeit sei, in den Keller zu gehen. Im Treppenhaus hörte man bereits hastige Schritte, aber wir zögerten noch immer wegen H.s Erkältung und weil wir unsere Besucherin nicht gern in den Keller gesperrt hätten.

»Ich müsste eigentlich gehen.« Sara stand auf, beunruhigt durch eine nahe Explosion. »Antonija hat Angst, sie wird verrückt, wenn sie allein ist.«

»Dummheiten«, unterbrach ich sie und zog sie auf ihren Stuhl zurück. »Sie ist längst in den Keller gegangen, das wissen Sie besser als ich. Und dort ist sie bestimmt nicht allein, selbst die Hartgesottensten sind jetzt unten. Sie braucht Sie jetzt nicht, im Schutzraum ist man nie allein. Erzählen Sie lieber die Geschichte von Ihnen und Andjelina zu Ende.«

»Die ist seit Jahren zu einem guten Ende gelangt, jetzt geht es um Antonija. Wir stehen uns sehr nah, sie ersetzt mir vieles. Ich muss ihr Jahrzehnte des Unbehagens ersparen, Professor. Und vor allem muss ich mir die Pflicht ersparen, vor ihr wegzulaufen und ihr damit zu ermöglichen, dass sie sich bei gelegentlichen Begegnungen über mich freut. Verstehen Sie? Ich sehe keinen Grund dafür, dass ich Andjelinas Erfahrung mache und Antonija die meinige, das wäre zu grausam, das haben wir nicht verdient.«

Wir mussten in den Keller, die Explosionen waren zu nah und zu häufig. Draußen war es fast dunkel, sicher gegen neun oder später. Bei einem solchen Angriff konnte keine Rede davon sein, dass Sara aufbrach, und wenn sie während des Angriffs dablieb, musste sie bei uns übernachten, weil um zehn die Sperrstunde begann. Das dachte offenbar auch sie, während wir hinuntergingen, sie wurde sehr unruhig, interessierte sich für nichts mehr außer für Antonija; sie glaubte offenbar, ich sei schuld daran, dass Antonija diesen Angriff allein überstehen musste (hat es Sinn, einer Mutter klarzumachen, dass »ohne sie« und »allein« nicht gleichbedeutend ist?). Sara und H. unterhielten sich – jedenfalls taten sie so – über Ersatz für Speisen aus Friedenszeiten, aber es ging nicht ohne Antonija ab. Es genügte, dass meine Frau mich ansah, meinen Namen erwähnte, mich anredete, während das Gespräch um Themen kreiste, die mich ausschlossen (und Sara warf gerade solche Themen auf), damit Sara wieder von Antonija sprach, sorgenschwer seufzte, weil die Arme sich fürchtete, und mich dann vorwurfsvoll ansah. War das ihre Manier, Unduldsamkeit zu zeigen und mich zu strafen, wie ich im ersten Moment dachte, oder eine Art Erpressung, wie ich später glaubte? Jedenfalls war mir vor Mitternacht klar, dass ich um Kenans Taufschein kämpfen musste wie um das Heil der eigenen Seele, und das war wohl auch den beiden Frauen klar.

Gegen Mitternacht wurde es ruhiger, aber wir blieben noch eine Weile im Keller, um uns die Rennerei im Treppenhaus zu ersparen, falls ein weiterer Angriff kam. So verließen wir unseren Verschlag, als die anderen Kellerräume schon leer waren. Wir stiegen langsam die Stufen hinauf, weil ich wie immer die Taschenlampe schonte und Sara unseren Treppenaufgang nicht kannte.

»Wann könntest du zu Kenan gehen?«, fragte mich H. wie nebenbei, als wir wieder in unserer Wohnung waren.

»Wieso denn, was soll ich denn bei Kenan?«

»Jemand muss doch mit ihm über die Ausreise reden beziehungsweise über die Art und Weise, konkret: über den Taufschein. Nur mit dir, nur zwischen euch beiden könnte es in so einem Gespräch um die Liebe gehen und nicht um Politik und Gewalt. Oder um Kenans Christianisierung, wie du sagen würdest«, erklärte H. »Verstehst du?«

»Ich bin nicht sicher«, antwortete ich gereizt, obwohl mir alles klar war, auch dass ich zu Kenan gehen musste.

»Es geht doch nur darum, dass er an den Kontrollpunkten den Taufschein vorzeigt, um mit seiner Frau rauszukönnen«, erläuterte Sara noch einmal, jetzt schon freundlich. »Das ist ganz klar, wenn Sie ihm das sagen. Für Sie als Mann ist das leichter, wir beide sind nur Frauen.«

Bis heute begreife ich nicht, was Saras letzte Behauptung bedeuten sollte. Aber ich fragte nicht. Das Wesentliche war klar, nämlich dass ich gleich morgen in den Kampf um Kenans Rettung ziehen würde. Und dass H. bei mir blieb, wovon ich mich innerlich erwärmt, erleuchtet, gesegnet fühlte.

4

Arbeitsbericht

Die nächsten zwei Wochen waren fast restlos mit Saras Angelegenheiten ausgefüllt: Entweder redete ich mit ihr, oder ich versuchte das zu erledigen, was wir vereinbart hatten.

Nachdem ich zugestimmt hatte, mich um eine Taufurkunde für Kenan zu bemühen, musste ich zunächst das Dilemma des berühmten Esels zwischen den zwei Heuhaufen lösen – entweder erst um den Taufschein bitten, von dem ich nicht wusste, ob Kenan ihn annehmen würde, oder Kenan die Ausreise aus der Stadt mittels Taufschein schmackhaft machen, von dem ich nicht wusste, ob ich ihn bekommen würde. Ich entschied mich für die erste Variante, denn ich hielt es nicht für wahrscheinlich, dass sich jemand weigern würde, zusammen mit seiner Frau die belagerte Stadt zu verlassen; also suchte ich meinen Nachbarn Don Luka auf. Ich sagte ihm ehrlich, was ich mir von ihm erhoffte, und musste mir daraufhin eine lange und ziemlich vehemente Predigt anhören, die in der Belehrung gipfelte, dass Betrug, Lüge und Irreführung kein gutes Ende finden konnten und dass das, was ich von ihm verlangte, nichts anderes sei als Betrug, Lüge und Irreführung. Schließlich folgte die Frage, wieso ein Mann meines Alters und nicht ohne Ansehen bereit war, sich solcher Mittel zu bedienen, aber ich versuchte nicht einmal, darauf zu antworten (soll er doch Sara und die meinige fragen, dachte ich, als ich meinen guten Nachbarn verließ).

Ohne Bereitschaft, die notwendige Lektion zu beherzigen, begab ich mich zu Fra Ljubo, auf den ich lange warten musste, weil er sich irgendwo außerhalb des Klosters aufhielt (sicher irgendwo, wo er helfen konnte; von den zwanzig Jahren, die ich mit ihm befreundet war, hatte er zehn mit dem Beistand für Bedürftige verbracht). Nachdem ich ihm erklärt hatte, was ich brauchte, durchmaß er lange, prustend und seufzend und mit großen Schritten, seine geräumige Zelle. Er erinnerte mich daran, dass die Taufe ein Sakrament sei, mit dem man keinen Scherz treiben dürfe, und dann wurde er wütend, weil ich ihm beleidigt versicherte, es werde mir unter keinen Umständen einfallen, eines seiner Sakramente zu verletzen (»Erzähl mir nichts! Ich kenn dich doch!«, sagte er und fuchtelte mit den Händen, als verjagte er eine Wolke, die mir den Blick für die Überflüssigkeit meiner Worte versperrte). Er erinnerte mich daran, dass es, rein menschlich gesehen, nicht einfach war, einem Muslim plötzlich einen Taufschein anzubieten, es war ja schon nicht einfach, ihn jemandem zu geben, der ihn erbeten hat, wie dann erst, wenn jemand ihn nicht erbeten hat, in Glaubensfragen war ja erzwungene Zustimmung nicht erlaubt. Er erinnerte mich daran, dass all das für keinen der Beteiligten ungefährlich und – von allen praktischen Problemen abgesehen – auch eine Sünde, nämlich eine Lüge war.

Dann fiel ihm ein, dass eine Taufurkunde ein behördliches Dokument darstellte, das lediglich den Empfang des Sakraments bestätigte, aber nicht sein Bestandteil war, und dass es bei der ganzen Geschichte um das Leben und die Liebe zweier junger Menschen ging (»Ich bin überzeugt, dass Gott eine zur Rettung einer Liebe begangene Sünde vergeben würde«, und dann erklärte er mir, in welchem Sinne die Liebe dem Dienst an Gott gleichkam). Er zählte mir Autoritäten auf, die die Sünde der Unterlassung verurteilt hatten, und sagte, unter allen verabscheuungswürdigen Sünden sei diese auch noch erbärmlich. Wenn du etwas tust oder gibst und dabei sündigst, bist du vielleicht ein Trottel, aber doch auch ein Mensch, wenn du hingegen unterlässt, wozu du berufen bist, dann bist du nicht nur ein Sünder, sondern ein Schuft.

Was wir taten, sei sicher eine Sünde, sagte er am Ende, aber er nehme unser aller Sünden auf sich. »Ich weiß, dass mein Verstand kein Ruhmesblatt ist, aber mein Glaube war immer stark wie eine Festung, und dieser Glaube sagt mir, dass Gott eine aufrichtige Liebe nicht verurteilen kann. Ich kann das Dokument ausstellen; und Kenan mag nach seinem Gesetz zu Gott beten.«

Jetzt war mit Kenan und Dubravko der Rest zu besprechen und zu tun – jemand finden, der für Kenan die anderen Dokumente auf einen neuen Namen ausstellte, das Geld dafür auftreiben, mit Kenan und den neuen Dokumenten oder nur mit ihnen wieder zu Fra Ljubo gehen, damit er die entsprechende Taufurkunde ausfüllen konnte, inzwischen Barić bearbeiten, die Ausreise vorbereiten und nebenbei irgendwie überleben.

Das Architekturbüro der Firma »Dom« fand ich ohne Probleme, aber Kenan in diesem Büro erst beim dritten Versuch. Der ruhige, gelassene Mann von etwa 35 Jahren, schlank und in jeder Hinsicht zu ordentlich für die Verhältnisse, in denen wir lebten, hinterließ bei mir einen zwiespältigen, in sich widersprüchlichen Eindruck. Wegen seiner übertriebenen Ordnungsliebe hätte ich mir, wie wohl jeder normale Mensch, gewünscht, dass ihm das Regal mit den Bauplänen auf den Kopf fiele, aber zugleich empfand ich aufrichtige Sympathie, fast das Bedürfnis nach einer freundschaftlichen Berührung, sooft ich dem Blick seiner hellen, klaren Augen hinter den Brillengläsern begegnete.

Kenan meinte, nach dem Krieg würde es hier für fähige Architekten und andere im Bauwesen Beschäftigte Arbeit geben wie kaum irgendwo auf der Welt, und darum sei es dumm, auf Dauer wegzugehen. Aber ebenso dumm sei es, hierzubleiben und beschäftigungslos Rost anzusetzen, damit später, wenn wieder gebaut wurde, fähigere Leute die Aufträge bekämen, die nicht vergessen hatten, wie man arbeitete, weil sie nicht die ganze Zeit hier gehockt hatten. Jedenfalls, wenn dieser Ausflug über Herrn Barić und Kiseljak so einfach sei, würde er gern hin und wieder wegfahren, um zu sehen, wie draußen gearbeitet wurde. Gefälschte Papiere seien kein Problem, wenn Antonija nicht dabei wäre, ebenso wenig wie ein anderer Name, hier halte er es mit der Volksweisheit »Nenn mich ruhig Krug, aber zerschlag mich nicht«. Die Dokumente könne er sich über einen Kollegen beschaffen, übrigens einen guten Architekten, der sich damit schon jahrelang über Wasser hielt, weil er auf seinem Fachgebiet keinen Job fand. Die Papiere könnten auf jeden beliebigen Namen lauten, der Herrn Barić und dessen Freunden gefiel, nur dürfe er sie nicht in Antonijas Gegenwart benutzen. Ich wusste nicht, ob mich Kenans optimistische Gedanken über gelegentliche Ausflüge zur Fortbildung belustigten oder verärgerten, so wie ich zuvor nicht hatte herausfinden können, ob ich eher von seiner Ordnungsliebe genervt als von seiner guten Laune angezogen war. Aber seine Überzeugung, dass er in Anwesenheit seiner Frau keine falschen Papiere und Namen benutzen konnte, gefiel mir und erschien mir absolut logisch. So kamen wir auf die Idee, wir sollten versuchen, getrennte Ausreisen für Kenan und Antonija zu organisieren. Für Barić dürfte das kein großes Problem darstellen, und die Möglichkeit, von Kenans Kollegen brauchbare Papiere mit den gewünschten Angaben zu erhalten, war eine ernsthafte Ermutigung für uns alle.

Danach ging ich zu Dubravko, um ihn zu informieren und die nächsten Schritte mit ihm zu verabreden. Mich überraschte die Empörung, mit der er auf meinen Bericht reagierte, vor allem auf den Vorschlag, man sollte versuchen, in zwei Gruppen auszureisen. Mir erschien das irgendwie normal, und erst Dubravkos Reaktion zeigte mir, dass man die Sache auch anders sehen konnte.

»Vielleicht ist das für einen Literaturprofessor völlig in Ordnung«, schimpfte Dubravko, »aber für meinen Geschmack ist da zu viel Psychologie im Spiel. Die Sache stinkt zum Himmel vor lauter Psychologie.«

Er ging oder besser hüpfte durch sein kleines Zimmer, schwenkte heftig die Arme, ständig in Gefahr, einen der zahlreichen Gipskiefer von den Regalen zu reißen, und führte Beispiele für ein unerträgliches Maß an Psychologie in der uns umgebenden Situation an, ein Ausmaß, das einen normalen Menschen wie ihn, Dubravko, auf den Gedanken brachte, er befinde sich nicht in der Wirklichkeit, sondern in der schlechten Aufführung eines klassischen Dramas, das heißt, er habe es nicht mit Menschen zu tun, sondern mit Provinzschauspielern, oder nicht einmal das, ein Provinzschauspieler schreit wenigstens auf, wenn man ihn kneift, nein, vielmehr damit, wie sie sich eine klassische Figur vorstellen: kein Körper, kein Gefühl, kein Verstand, nur psychologische Nuancen! Nur ein paar Beispiele: eine Alte, die ihre eigene Tochter nicht retten will, weil das der Kleinen verschiedene Fragen aufladen würde; ein Junge, der seinen Kopf nicht aus der Schlinge ziehen würde, wenn er vor den Augen seiner Frau falsche Papiere anfassen müsste, aber sonst zu allem bereit ist; ein Professor, der seiner Frau nicht erklären kann, dass nur lebende Menschen jemand lieben können, dafür aber um Unbekannte herumschwirrt, als wären sie sein Heil; und mittendrin er, der arme Dubravko, der verschiedene Herrschaften bitten müsste, seine Dienste anzunehmen und ihm zu erlauben, sie vor alldem hier zu bewahren.

»Siehst du nicht, wie abstoßend, geschmacklos, unanständig das ist?!«, rief Dubravko. Als er sich ein bisschen beruhigt hatte, zeigte er auf die Gipskiefer und anderen Scheußlichkeiten, mit denen sein Zimmer vollgestopft war, und fuhr fort: »Ab dem dreißigsten oder fünfunddreißigsten Lebensjahr benutzen wir alle psychische Prothesen, noch bevor wir diese hier benötigen, und im reifen Alter brauchen wir ohnehin beides. Haben das deine Herrschaften immer noch nicht begriffen, mein Gott?! Wozu haben wir einen gesunden Menschenverstand, wenn er uns nicht seelische Prothesen anpasst und uns davor bewahrt, moralisch paralysiert vor bestimmten Situationen zu stehen? Ehrlich gesagt, so widerwärtig mir ein junger Mensch ist, der seine Niedertracht mit Vernunftgründen bemäntelt oder sich niederträchtig verhält, weil das vernünftig ist, so widerwärtig ist mir auch ein reifer Mensch, der den Helden spielen und keine Vernunft annehmen will. Alles zu seiner Zeit, verdammt nochmal, jedes Alter hat seine Logik und seine Ethik.«

»Ich glaube, ich kann deine Theorie indirekt bestätigen«, griff ich Dubravkos letzte Sätze auf, in der Hoffnung, ihn mit ein wenig Philosophie zu besänftigen. »In Grenzsituationen, in Zeiten großer Versuchungen, werden die Menschen moralisch empfindlicher, sie sind viel radikaler als unter normalen Bedingungen, weil ihnen nichts anderes bleibt. In normalen Zeiten sind die Menschen vernünftig und benutzen ihre moralischen Prothesen, wie du sagst, weil sie zwei, drei, fünf Möglichkeiten vor sich haben, und sie wählen natürlich die bequemste und nützlichste. Und weil kaum etwas passiert, kommen sie selten in die Situation, wirklich wählen zu müssen. Aber in so dramatischen Situationen wie jetzt gibt es keine Wahl, niemand fragt dich etwas, und darum steigert sich die moralische Sensibilität. Wie denkst du darüber?«

Dubravko sah mich verblüfft an: »Meinst du die Frage ernst?«

»Natürlich.«

»Ich habe keine Meinung dazu. Was gehen mich die Menschen an, verehrter Professor, ihre moralische Sensibilität, ihre Wahl«, sagte Dubravko immer lauter, er drohte wieder in Wut zu geraten und zu gestikulieren wie kurz zuvor. »An dieser ganzen Geschichte interessiert mich nur eines: promovieren zu können und irgendwann zurückzukommen, um euch mit Prothesen zu versorgen. Weiter interessiert mich noch, wie lange ich diesem Schleimscheißer aus Stup in den Arsch kriechen muss, damit mir Leute mit Empfindungen erlauben, sie zu retten. Und schließlich interessiert mich, ob es für meine seelische Gesundheit überhaupt noch Hoffnung gibt, wenn ich mich auf all das einlasse, aber wie wir sehen, tue ich das längst und werde es auch weiter tun.«

Dubravko schrie und tobte, wütender auf sich selbst als auf den Rest der Welt. Hin und wieder warf ich ihm einen Gemeinplatz hin, etwa, dass jeder auf seinem eigenen Weg zum Teufel gehen solle, womit ich Zustimmung vortäuschte, aber Dubravko in Wahrheit nur half, sich zu beruhigen. Als sein Zorn verraucht war, plauderten wir noch eine Weile, dann verabschiedete ich mich und ging, fest davon überzeugt, dass Dubravko alles tun würde, was in seiner Macht stand. Er würde sich zwar einreden, dass all das nur in seinem Interesse lag, dass es vernünftig, ja, die Vernunft selber war und dass Leute wie er zu Herzensgüte und anderen vergleichbaren Schwächen ohnehin nicht fähig waren. Er würde seine Nächsten mit Geschichten über seinen eiskalten Pragmatismus langweilen, aber alles daransetzen, um Barić dafür zu gewinnen, dass »unsere Gruppe« getrennt ausreiste, egal ob am selben oder an aufeinander folgenden Tagen.

Trotzdem habe ich bei meinem nächsten Treffen mit Kenan sämtliche Einwände Dubravkos wiederholt, ich schilderte ihm Dubravkos Wutausbruch und legte ihm dar, was ich von seiner Umstandskrämerei hielt und wie viel Großes andere für ihn zu tun bereit waren. Natürlich sagte ich ihm nicht, dass ich sein Verhalten völlig logisch fand und sein Eingeständnis, vor Antonija keine gefälschten Dokumente und keinen falschen Namen verwenden zu können, ihn in meinen Augen viel liebenswerter machten als sein lächerlicher Optimismus und Ordnungssinn.

Kenan versuchte ruhig und beharrlich zu beweisen, dass seine Ablehnung, in Antonijas Gegenwart eine falsche Identität vorzuspielen, keine Umstandskrämerei oder Laune war, sondern ein absolut praktischer Entschluss aufgrund der Tatsache, dass sie sich liebten und heiraten wollten. »Würden Sie sich mit Technik beschäftigen, zum Beispiel mit Architektur, wüssten Sie, was ich meine«, sagte er. »Mir ist nur nicht klar, wieso dieser Dubravko eine so simple Sache nicht versteht, er ist schließlich Prothetiker. Er muss verstehen, dass der Riss nicht in meiner Identität entstehen würde – was kümmert mich die Identität, wie die anderen sie sehen –, sondern in dem Bild, das Antonija von mir hat. Es wäre so, als würde sich ein Unsichtbarer zwischen uns schieben, und wir müssten auf einmal in einer Art idealem Dreieck leben. Die Episode, in der ich nicht nur für den Rest der Welt, sondern auch für sie ein anderer wäre, würde mein Bild in den Augen meiner Frau irreversibel beschädigen, und das ist keine gute Grundlage für eine glückliche Ehe. Verstehen wir uns, Professor? Wenn ich schon heirate, soll meine Ehe eine gute Statik haben, damit sie stabil bleibt.«

Ich gestehe, dass ich seine Argumentation nicht verstanden habe, obwohl ich sein Denken und Fühlen vollkommen begriff. Auch ich könnte mich nicht im Beisein meiner Frau für jemand anders ausgeben, sosehr mir auch die vernünftigen Argumente fehlen, um diese Haltung zu rechtfertigen, und sowenig ich selbst verstehe, warum ich es nicht könnte. Aber Kenan gegenüber konnte ich unmöglich zugeben, dass ich ihn nicht verstand, ihm aber trotzdem zustimmte, das ging schon wegen meiner Profession nicht, die mir verbietet, einer Sache zuzustimmen, die ich nicht verstehe. Jedenfalls verblieben wir so, dass Kenan in den nächsten Tagen zu Dubravko gehen würde, weil es einfacher war, wenn sie direkt kommunizierten, und dass er sich noch heute mit seinem Kollegen auf einen akzeptablen Namen und die anderen erforderlichen Angaben für die Ausreisepapiere einigte. Danach würde ich Fra Ljubo aufsuchen, um das entscheidende rettende Dokument zu besorgen.

Die ganze Zeit hielt ich natürlich Sara über alles auf dem Laufenden, was bereits unternommen, geplant oder eingeleitet worden war (heute erinnere ich mich an diese Tage fast mit Wehmut – ich war so sehr mit den Problemen anderer beschäftigt, dass ich den Krieg fast nicht mehr spürte und zum ersten Mal, seit ich denken kann, keine Probleme mit mir selbst hatte). Ich ging mit Sara überall hin, wo ihre Anwesenheit und meine Intervention erforderlich waren, sah sie täglich bei ihr oder uns zu Hause, ich verbrachte so viel Zeit mit ihr, dass ich sie gründlich kennen lernen und den guten Eindruck vertiefen konnte, den ich mir vom ersten Augenblick unserer Bekanntschaft an gebildet hatte.

Zusammen mit Sara besuchte ich noch einmal Don Luka in der Josephskirche. In seiner Pfarrei war sie 1930 getauft worden, weshalb wir hofften, dass er auch den Taufschein für Antonija ausstellen würde. Don Luka empfing uns sehr freundlich, war sofort bereit, unsere Bitte zu erfüllen, ohne dass die angstgeschüttelte Kleine selbst herkommen musste, es genügte der Antrag der regulär getauften Mutter, und dabei bot er uns zu rauchen und etwas Scharfes zu trinken und noch eine Zigarette zum Mitnehmen an. Als wir im Gehen begriffen waren, gab er mir diskret zu verstehen, dass er diesen Dienst auch meiner Frau erweisen würde, wenn wir sie aus der Stadt freibekommen wollten. Ich dankte ihm von Herzen und antwortete, das sei nicht mehr vonnöten, weil H. die Stadt und mich nicht verlassen wolle, worauf Don

Luka erklärte, wir seien des Wunders der Liebe nicht würdig und würden es deshalb nie verstehen.

Unterwegs murmelte Sara etwas vor sich hin wie eine Zauberformel: »Das dritte Glück, das dritte Glück«, laut genug, dass ich es hören und sie fragen musste, wovon sie denn rede. »Dies ist das dritte Mal, dass ich nur Serafina bin«, antwortete sie bereitwillig. »Von Sara keine Spur, nur Serafina ist da, und auch sie nur dem Staat zuliebe. Diese Serafina, beziehungsweise ich, ist völlig durchsichtig, und durch sie sieht man wie durch eine Linse klar und vergrößert den Staat, die Partei, die Kirche, also eine Institution der Macht, die entschieden hat, dass ich in diesem Moment nur Serafina bin.«

»Und was hat das mit Glück zu tun?«, fragte ich verwirrt.

»Es ist das dritte Mal in meinem Leben, dass mir das passiert, und darum hoffe, wünsche und bete ich, dass es glücklich ausgeht, denn diesmal bin ich Antonijas wegen Serafina«, erklärte Sara geduldig und ohne Freude, fast ohne Empfindung. Ich glaube, dass ihr diese Gedanken Don Luka suggeriert hatte, der sie die ganze Zeit mit »verehrte Frau Serafina« anredete. Aber selbst wenn es so war, verstand ich nur einen Teil der Geschichte, der andere, wichtigere blieb mir verborgen: Warum war Sara so trocken? Sie hielt das Dokument, das ihre Tochter aus Sarajevo befreite, in den Händen, alles sah sicher und gut aus, sie hatte allen Grund zur Freude. Aber sie freute sich nicht, sie war auch nicht traurig oder nervös, sie war einfach trocken wie ein Baum im Winter, alles war von ihr abgefallen – bis auf die Angst. Ahnte sie, was geschehen würde, hatte sie deshalb Zauberformeln zitiert?

In diesen Tagen besuchte ich auch meine Schwester,

die im Haus der Gesundheit in der Altstadt als Krankenschwester arbeitete, ich wollte sie um ein Mittel gegen Entzündungen für meine entsetzlich erkältete Frau bitten. »Ich kenne eure neue Freundin Sara«, informierte mich meine Schwester nach dem üblichen Austausch familiärer Nachrichten unter Kriegsbedingungen, »sie ist Patientin bei uns. Eine sehr nette Dame, aber ziemlich eigen.« Sie sei vollkommen anders als alle Leute, die sonst zu ihnen kämen. Stets liebenswürdig und geduldig, nie ohne eine Kleinigkeit für die Schwester in der Anmeldung, immer bereit, eines dringenden Falles wegen zurückzustehen. Und erst ihr Auftreten! Sie verschenke Pralinen, nicht wegen eines Gegendienstes, sondern aus Freude am Schenken, sie erwarte keinen Dank, sondern wehre ihn verlegen ab. So eine unglaubliche, sanfte Geduld, aktiv und stark, ganz von dieser Welt, aber ohne Ähnlichkeit mit den heutigen Menschen. Sara sei eine so auffällige Erscheinung, dass sie Erkundigungen über sie eingeholt hätten.

Und dann erzählte sie mir alles, was sie über Serafina Bilal in Erfahrung gebracht hatten, fast ein Polizeidossier über eine Person, die von erkennungsdienstlichem Interesse war.

Sara stammte aus einer jener Familien, die in Bosnien *kuferaši*, Koffermenschen, hießen.

Das Wort wie auch das soziale Phänomen, auf das es sich bezog, war mit der österreichischen Okkupation aufgetaucht und bezeichnete den weiten Kreis von Menschen, die beim Staat angestellt waren oder in einer der wenigen großen Firmen arbeiteten. *Kuferaši* waren alle oder fast alle staatlichen Angestellten in der Verwaltung, der Armee, der Polizei, der Post und der Eisenbahn. *Kuferaši* waren alle, die beim Straßen- und Gleisbau, bei der Erforschung von Erzvorkommen und der Erstellung von Grundbüchern nach österreichischem Modell arbeiteten. *Kuferaši* waren auch die meisten Mitarbeiter im Gesundheits- und Schulwesen, aber auch in modernen Berufszweigen wie zum Beispiel der Fotografie. *Kuferaši* leiteten den Bau staatlicher Gebäude wie Kasernen, Bahnhöfe, Postämter, aber auch der meisten Häuser, in denen andere *kuferaši* wohnen sollten. Zu den *kuferaši* gehörten Ehefrauen, Kinder, Verwandte, bisweilen auch die Dienstboten derjenigen, die sich diesen Luxus leisten konnten. Diese Menschen, die ihre Fähigkeiten (ihren einzigen und wichtigsten Besitz) an den Staat oder eine Firma verliehen, die also vom Gehalt lebten und denen zur Verfügung standen, die ihnen Gehalt zahlten – sie alle hießen in Bosnien *kuferaši*.

Von den *kuferaši* sagte man, sie hätten keine Wurzeln in Bosnien. Ohne Wurzeln in einer Gegend zu sein bedeutet, diese Gegend nicht von anderen trennen, sie nicht von Gegenden unterscheiden zu können, die man zumindest oberflächlich kennt, sie also nicht als die eigene zu betrachten. Ohne Wurzeln in Bosnien zu sein bedeutete damals, hier keinen unbeweglichen Besitz, keine Erinnerungen, keine Toten zu haben, also Bosnien durch nichts von den anderen Provinzen des riesigen Reichs zu unterscheiden, wo man diente oder dienen würde. *Kuferaši* sind Menschen, die all ihren Besitz und all ihre Erinnerungen in Koffern unterbringen können, weil sie gemietete, verfügbare Menschen sind, wenn man es so nennen will. Sie kamen nach Bosnien, im Koffer ihre Erinnerungen, ihren Besitz und alles, was sie außer ihrer Arbeitsfähigkeit sonst noch hatten, und wenn sie der Arbeitgeber an einem anderen Ort, in einer anderen Provinz brauchte, stopften sie alles in die Koffer und zogen dorthin, wohin der Dienst sie befahl. Darum ist es ganz logisch, wenn man sagt, sie hockten in Bosnien auf ihren Koffern und warteten auf die nächste Versetzung.

Diese Menschen mussten für die Bosnier sehr interessant sein. Sie kamen von irgendwoher, die Vögel mögen wissen, woher, in dieses Land, dessen Sprache und Gebräuche sie nicht kannten, sie kamen ohne ihre eigene Sprache und ihre Gebräuche beziehungsweise mit der Amtssprache als der einzigen Sprache, die sie beherrschten, sie kamen mit den rudimentären Gebräuchen, die modernen Menschen von Staatsfeiertagen und familiären Ritualen geblieben sind, sofern man als moderner Mensch überhaupt noch einen Staat und eine Familie sein Eigen nennt, sie kamen also, sagen wir, in irgendein Sarajevo, bezogen die ihnen zugeteilte Wohnung, eine von vielen gleichen Wohnungen in einem von vielen gleichen Häusern in einem der vielen Wohnblocks, die der Staat für seine Angestellten vorgesehen hatte (und die *kuferaši* für andere *kuferaši* gebaut hatten). Dann packten sie ihre Koffer aus und begannen ein Leben, das hauptsächlich darin bestand, dass die Männer arbeiteten, die Kinder zur Schule gingen und die Frauen sich um Haushalt und Familie kümmerten. Die *kuferaši* konnten hier keine Freundschaften und Bekanntschaften schließen, weil sie der Sprache nicht mächtig waren, die Kinder konnten keinen Freundeskreis in der Schule aufbauen, weil kein wirklicher Kontakt zu anderen Kindern zustande kam, die Frauen fanden keinen richtigen Zugang zu den einheimischen Frauen, ihren Marktplätzen und Küchen, weil sie weder Sprache noch Pflanzen noch die gastronomische Kultur des Landes kannten. Ihre einzige Gesellschaft waren andere *kuferaši* aus der Nachbarschaft, sofern es lohnte, die wenige Freizeit mit ihnen zu verbringen. Natürlich wurden daraus keine Freundschaften, weil sie ja alle zur Verfügung stehen mussten, also nur darauf warteten, ihre Koffer zu packen und weiterzuziehen, mitsamt ihren Erinnerungen, die nun um eine weitere Stadt und um eine weitere nette Familie reicher waren, mit der man hätte Freundschaft schließen können.

Diese Menschen mussten für die Bosnier sehr interessant sein, weil sie für die traditionelle bosnische Gesellschaft eine absolute Neuheit darstellten, etwas Unerhörtes und Niegesehenes, von Kleidung und Schuhwerk bis zu Alltagsleben und Weltanschauung. Mit ihnen begann die Modernisierung der bosnischen Gesellschaft, in diesen Menschen und ihrer Art zu leben begegnete Bosnien der modernen Welt, durch sie ist die bosnische Kultur zum ersten Mal mit der modernen Epoche in Berührung gekommen. Sie erkannte dieses Zeitalter im Koffer, die grundlegenden Eigenschaften der Epoche und des Daseins in der modernen Welt waren in der Koffermetapher versammelt. Der Bezeichnung *kuferaši* nach würde man sagen, dass für die damalige bosnische Kultur der Koffer das Erkennungsmerkmal der modernen Welt war, eine Metapher, die die Wesenszüge dieser Welt zum Ausdruck brachte und die Art des Daseins in ihr.

Sara entstamme einer solchen Familie von *kuferaši*, die sich hier niedergelassen und Wurzeln geschlagen hatten, begann meine Schwester ihren Bericht. Ihre Vorfahren waren schnell heimisch geworden, der Urgroßvater war gleich nach der Okkupation gekommen, der Großvater trieb Handel, und ihr Vater war bereits ein angesehener einheimischer Kaufmann, der mit seinem Laden aus Pofalić in das Handelszentrum der Stadt, in die *Čaršija*, zog und seine Wohnung aus Kovačići in die Kulović-Straße verlegte. Er war auch politisch aktiv. In der Kroatischen Bauernpartei. Deshalb wurde er während des Zweiten Weltkriegs von den Behörden des Unabhängigen Staates Kroatien in Ruhe gelassen, das heißt, weder verfolgten sie ihn noch versuchten sie ihm einen hohen Posten im Staat aufzuzwingen, sodass er auch später, im Zweiten Jugoslawien, sein friedliches Leben und seine Handelstätigkeit als einer von zahlreichen und ganz unwichtigen Chefs des »Konsums« weiterführen konnte.

Mit Saras Generation erlosch der Familienname Kohek, denn es gab keinen männlichen Nachkommen. Die ältere Schwester Andjelina begann kurz nach dem Krieg ein Studium der Wirtschaftswissenschaften in Zagreb, machte Karriere im Außenhandel, ihre Heirat erwies sich als glänzende Partie, und sie war alles in allem eines jener Menschenkinder, von denen man nur sagen konnte, »und wenn sie nicht gestorben sind, dann leben sie noch heute gut«.

Als eine der begabteren Studentinnen ihres Jahrgangs machte Sara ihr Examen in Mathematik und Physik und begann dann zu aller Überraschung als Lehrerin in einer Grundschule im ärmsten Stadtviertel Sarajevos, in Hrid, zu arbeiten. Den Schock, den diese Entscheidung in ihrer Umgebung auslöste, kann nur jemand verstehen, der weiß, welcher Mangel damals an solchen Fachleuten wie Sara herrschte. Die Firma »Energoinvest« expandierte wie verrückt und stellte jeden ein, der auch nur das Einmaleins beherrschte; einer gescheiten Person winkte hier eine Weltkarriere, weitaus besser als jene, die Andjelina in Zagreb gemacht hatte. Und wenn Sara eher am Familienleben lag wie vielen Frauen, so gab es an den höheren Schulen Planstellen für Mathematik- und Physikprofessoren, so viel man wollte. Sara entschied sich also bei der Wahl zwischen Gut und Besser für Hrid, wo man nicht einmal genug hungern konnte, um zu sterben. Später wurde sie Lehrerin an der Ilija-Grbić-Grundschule, und das war, soweit bekannt, die einzige Beförderung ihres Lebens.

Mit über dreißig heiratete sie den Geographielehrer an ihrer Schule, einen zurückhaltenden, stillen, schon etwas älteren Mann, wohl weil er so fein und unauffällig war. Über ihre Ehe war nichts Zuverlässiges bekannt, denn sie hatten keine nahen Freunde, aber sie sollen harmonisch, das heißt ohne große Auseinandersetzungen, zusammengelebt haben. Das einzige Problem bestand angeblich darin, dass er Quartalssäufer war, und zwar einer von der schlimmsten Sorte, der sich abends hinsetzte, schweigend eine Flasche Schnaps leerte und dann die ganze Nacht im Schlaf stöhnte, jammerte und sich manchmal übergab. Aber auch das mit seiner Trinkerei sei nicht bewiesen, sagte meine Schwester, denn nie habe sich Sara bei jemandem darüber beschwert oder über irgendetwas geklagt. Was ihn betraf, so hätte man sich über gar nichts anderes beschweren können, denn er sei so unauffällig gewesen, dass man bis heute nicht wisse, ob er wirklich gestorben oder einfach nicht mehr aufgetaucht sei.

Zu Beginn ihrer Ehe wurde die Tochter Antonija geboren, die bis heute Architektur studierte, obwohl sie schon ein solides Alter haben musste. Für Antonija war Sara Mutter und Vater zugleich – der Vater starb, bevor das Mädchen zur Schule kam. Ein paar Jahre später bekamen Sara und ihre Tochter die Wohnung zugeteilt, in der sie immer noch lebten.

Die Geschichte mit der Wohnung, fuhr meine Schwester fort, zeige, wie übrigens noch vieles andere, dass Sara nicht ganz bei Trost gewesen sei. Sie besaß längst ein Anrecht auf eine bessere und größere Wohnung, hatte jedoch nie etwas in dieser Richtung unternommen. Letztlich wäre das auch nicht unbedingt notwendig gewesen, denn sie hätte bei ihren Eltern einziehen können, um die sie sich ohnehin kümmerte und die das gern gesehen hätten, und wäre dann Erbin einer riesigen und sehr schönen Wohnung mitten in der Stadt geworden.

»Komm mir hier nicht mit Bescheidenheit, sie kann so bescheiden sein, wie sie will, aber sie ist Mutter und hätte es für ihr Kind tun müssen, heutzutage ist es eine Sünde, ein Kind zur Bescheidenheit zu erziehen. Eine Ärztin hier bei uns meint, dass die Kleine so lange studiert, weil sie falsch erzogen worden ist, weil die Mutter ihr keinen Ehrgeiz und kein Erfolgsdenken eingepflanzt hat.« Dazu sei man aber heutzutage geradezu verpflichtet, damit das Kind nicht asozial wird und am Ende scheitert. Gut, das mit der Wohnung und der Erziehung könne man damit erklären, dass sie eine schlechte Mutter ist und aus Bequemlichkeit dem eigenen Kind alle Freiheiten lässt, statt es auf Erfolg, Konkurrenzkampf und höhere Ziele zu orientieren.

Aber diese Erklärung stimme nicht oder nicht ganz. »Wir sehen hier im Haus der Gesundheit täglich Dutzende Menschen aus Hrid, Podhrid, Bistrik, und die erzählen uns wahre Wundergeschichten über Sara. Es sind unendlich viele, für die sie sich eingesetzt, denen sie geholfen, um die sie sich gekümmert hat. Beim Roten Kreuz haben sie mehr Angst vor ihr als vor einer Inspektion, weil sie für ihre Schützlinge nie genug rausschlagen kann. So etwas macht niemand, dem es um seine Bequemlichkeit geht. Das sieht man auf den ersten Blick. Sie hat viel Durchsetzungsvermögen, wenn es um andere geht. Aber warum bekommt sie das für sich selbst nicht fertig? Warum sind all ihre Lebenspläne gescheitert?«

Ich fragte meine Schwester, wie sie, das heißt die Mitarbeiter des Hauses, sich das erklärten.

»Weil sie nicht ganz bei Trost ist«, lautete die kategorische Antwort. »Was die äußeren Bedingungen angeht, könnte man alles erklären, es gibt heutzutage genug Theorien. Wohnung, Arbeit, die Kinder und ihre Erziehung, das lässt sich durch alles Mögliche rechtfertigen. Aber ihre Ehe? Ich bin eine Frau, mir kann man nichts vormachen. Mich kann niemand überzeugen, dass eine Frau normal ist, die den langweiligsten und unansehnlichsten Mann ihrer Umgebung heiratet. Dabei hätte Sara wählen können, sie ist keine strahlende Schönheit, aber nach wie vor eine ausgesprochen interessante Frau, die nicht den ersten Besten hätte nehmen müssen. Darum behaupte ich, dass mit ihr was nicht stimmt. Eine wunderbare Person, in jeder Hinsicht. Nur das ... Als wollte sie sich selbst bestrafen, verstehst du. Ich habe von Leuten gehört, die nach Schmerzen süchtig sind, aber ich dachte ... Nein, darüber will ich nicht mal nachdenken.«

Ich traf Sara noch am selben Tag, aber natürlich verschwieg ich ihr den Bericht meiner Schwester, ich richtete ihr nur die Grüße aus und erwähnte, welch gute Meinung man im Haus der Gesundheit von ihr hatte. Sara schien sich zu freuen, sie war aber offensichtlich zu sehr mit den bevorstehenden Ereignissen beschäftigt, um sich von Nebensächlichkeiten wie einer solch positiven Meinung ablenken zu lassen. Unsere Sache war auf einem guten Weg. Wir hatten bereits die Taufurkunden für Antonija und Dubravko, der Taufschein für Kenan war zugesagt, wir hatten jemanden, der glaubwürdige Papiere für ihn anfertigte, Barić stand vorerst fest hinter seinen Zusagen und wiederholte, dass für die Ausreise der ersten beiden demnächst alles so weit fertig wäre und dass der Dritte vielleicht sogar am selben Tag ausreisen könne. Antonija hatte schon zu packen begonnen, das heißt, erzählte Sara, sie stelle die Dinge zusammen, auf die sie schwer verzichten konnte und unter denen sie erst kurz vor der Abreise eine endgültige Auswahl treffen würde. Vor Aufregung und Hoffnung, vor Freude darüber, dass Kenan mitkam, habe sie auch endlich wieder etwas Farbe im Gesicht, »eine feine, kaum sichtbare Röte, die sie schöner macht denn je, ich kann mich an ihr nicht sattsehen«.

Wegen der Aussicht auf Antonijas glückliche Rettung, die mit Kenan zusammen die Rettung ihrer Liebe bedeutete, hatte Sara nicht einmal mehr Angst vor der Einsamkeit, die sich nun natürlich immer klarer als ihr künftiges Schicksal abzeichnete. Aber vormittags hatte sie ja die Schule, ihre Schüler und deren Eltern, und für den Nachmittag würde sich schon etwas finden, zum Beispiel konnte sie uns besuchen (bezeichnenderweise zeigte sie dabei auf meine Frau), sie konnte im Haus der Gesundheit helfen, wenn man dort schon eine so gute

Meinung von ihr hatte, es gab zahllose Möglichkeiten, etwas zu tun und sich nützlich zu machen. Sie freute sich, schwatzte, schmiedete Pläne und strahlte. Sie war – um ihre Worte zu wiederholen – schön, schöner denn je.

5

Serafinas Ankunft

Der Schlag kam unerwartet, wie so oft, und traf die empfindlichste Stelle. Einen Tag nach Saras Besuch, als sie so glücklich und voller Hoffnung gewesen war, erschien am späten Vormittag Kenan bei uns, ziemlich aufgebracht und düster. Am Vorabend waren junge Männer aus einer der Freiwilligengruppen, die die Stadt verteidigten, bei seinem Kollegen eingedrungen, der Papiere fälschte. Ob sie ihn bei der Arbeit ertappt hatten, ob sie aufgrund einer Anzeige gekommen und dabei auf kompromittierendes Material gestoßen waren, ob sie nur auf der Suche nach möglichen Mitkämpfern waren – darüber hatte Kenan nichts in Erfahrung bringen können. Jedenfalls hatten sie Formulare entdeckt, leere Pässe, Papiere in verschiedenen Stadien der Bearbeitung, und sie hatten Kenans Kollegen klargemacht, dass seine Sache ziemlich schlecht stand. Nicht nur, dass er Dokumente und vermutlich noch andere Sachen fälschte, sondern er sabotierte auch die Verteidigung der Stadt, indem er Wehrpflichtigen den Weggang ermöglichte, und wer weiß, was bei einer genaueren Überprüfung noch ans Licht kommen würde. Diese Überprüfung war ihm sicher, es sei denn, er schloss sich ihnen an, denn gegen einen Kriegskameraden würde niemand etwas unternehmen. So erkannte Kenans Kollege den Freiwilligen in sich und ließ Kenan im Stich. »Was bedeuten denn falsche Papiere hier und heute, in einer Stadt, wo Menschen abgeschossen werden wie Papierblumen? Ist er noch normal, wie konnte er einer so durchsichtigen Erpressung aufsitzen? So ein Schwachsinn kann wirklich nur mir passieren. Die Dokumente eines Staates, der nicht mehr existiert, und deshalb kann ich nicht raus – das ist nicht zu fassen!«

Ich hörte mir nicht alles an, was Kenan zu sagen hatte, sondern forderte ihn auf, mir zu folgen. Wir hasteten zur Zahnmedizinischen Fakultät. Dubravko musste schnellstens von dem aufgetauchten Problem erfahren, erstens, weil er vielleicht bei seiner Lösung helfen konnte, und zweitens, weil die neue Situation wahrscheinlich weitere Interventionen bei dem wertvollen Barić und neue Vereinbarungen mit ihm erforderte, und Dubravko war der Einzige von uns, der das übernehmen konnte. Wir trafen ihn, schwitzend und sehr aufgeregt, in seinem Arbeitszimmer an. Er war gerade von Sara zurück und wollte zu mir. Barić hatte ihm am Morgen durch einen Soldaten ausrichten lassen, dass die Ausreise für übermorgen festgelegt war, ohne Aufschub, ohne weitere Teilnehmer, ohne teure Autos und ohne jede Möglichkeit der Veränderung. Wenn der Herr Assistent übermorgen nicht mitkonnte, gab es kaum Aussicht auf eine Hilfe von Barić, denn er verließ in ein paar Tagen seinen Posten, und außerdem waren wesentliche Veränderungen an dieser Kampflinie sehr bald möglich (der Herr Assistent aus Barićs Botschaft war Kenan; Dubravko hatte Barić vorgelogen, es handele sich um den Sohn einer alten kroatischen Familie, der Assistent an der Medizinischen Fakultät in Zagreb werden sollte).

Nachdem er diese Nachricht gehört hatte, verabschiedete Kenan sich von uns, er wolle zu Antonija, um noch ein bisschen Zeit mit ihr zu verbringen und ihr beim Packen zu helfen. Ich blieb bei Dubravko, erzählte ihm, was mit Kenans Kollegen passiert war, und er erklärte, er habe niemanden, der auf Wunsch Papiere fälschte, und sei damals nur bereit gewesen, sich darum zu bemühen, jemanden zu finden. Wir zuckten die Achseln, breiteten die Arme aus, mussten einsehen, dass es für alles Weitere zu spät und der Fall Kenan abgeschlossen war, zumindest für uns beide. Dann gingen wir drei Türen weiter zu meinem Verwandten, dem Professor für Zahnmedizin, um zu sehen, ob es etwas zu trinken oder wenigstens eine Zigarette für uns gab.

Diese Entwicklung unseres großartigen Unternehmens regte H. viel weniger auf, als ich erwartet hatte. »Du kannst niemand vor seiner Natur bewahren«, sagte sie, und das war ihr einziger Kommentar zu meinem ausführlichen Bericht.

Sie überließ es mir, zu enträtseln, auf wen sich dieser Satz bezog und an wen sie ihre Empfehlung richtete – ob sie mir riet, Sara aufzugeben, der nicht zu helfen war, oder Sara nahelegte, Antonija in Ruhe zu lassen, die nicht gegen ihre Natur ankonnte. Wen auch immer sie meinte, ich hatte Einwände. (Es geschieht immer öfter, dass ich sehe, wie ein an sich richtiges Prinzip in einer realen Situation obsolet wird, und darum streite ich immer öfter mit H., die im Prinzip immer Recht hat.) Sie habe ja Recht, aber weder in meinem noch in Saras Fall entspreche dieses richtige Prinzip der Wahrheit, hatte ich sagen wollen, und H. möge mir bitte etwas genauer erklären, was sie denn gemeint habe.

Ich konnte weder meine Frage stellen noch Einwände und Vorschläge machen, denn es klopfte an der Wohnungstür. Draußen stand Sara. Sie wolle mich für den nächsten Tag zum Abschiedsessen für Antonija einladen, sagte sie und sah dabei nur mich an und duzte mich auch zum ersten Mal, wahrscheinlich um keinen Zweifel daran zu lassen, wem die Einladung galt. H. nahm sie rasch in meinem Namen an (in unserer zweiundzwanzigjährigen Ehe war es noch nie vorgekommen, dass einer für den anderen sprach), und dann bot sie Sara an, doch zum Mittagessen bei uns zu bleiben. Ich weiß nicht, ob sie das besondere Überwindung kostete, aber mir imponierte, wie gelassen ihre Stimme klang, als wäre es das Natürlichste von der Welt, dass Sara sie bis jetzt nicht begrüßt und sie, meine Frau, das nicht bemerkt hatte. Sara nahm die Einladung ohne die falsche Zögerlichkeit an, mit der man den Gastgeber zwingt, sein Angebot mehrmals zu wiederholen, jenes gezierte Gehabe, das ältere Menschen bei uns für ein Zeichen guter Erziehung halten, weshalb sie bei keiner Gelegenheit darauf verzichten.

Sie gestand, insgeheim auf so eine Einladung gehofft zu haben, damit sie möglichst lange bei uns bleiben konnte. Sie hatte aus ihrer Wohnung verschwinden müssen, und ihr war nichts Besseres eingefallen, als bei uns vorbeizukommen. Sie musste weg, damit die beiden armen jungen Leute sich voneinander verabschieden konnten, und das ging nur ohne Zeugen. Kenan war gekommen, um beim Packen zu helfen, sie hatten sich auf Antonijas Couch gesetzt, und da saßen sie die ganze Zeit, und Sara litt mit ihnen und für sich allein, da saßen sie inmitten der Unordnung, bis Sara endlich begriff, dass sie verschwinden musste. Sie reagierten nicht auf ihre Mitteilung, dass sie vor Einbruch der Dunkelheit zurück sein würde, sie erwiderten nicht einmal ihren Gruß, sie registrierten wahrscheinlich weder ihren Aufbruch noch ihre Mitteilung noch ihren Gruß. Sie hielten sich schweigend an den Händen, um sie herum die Sachen, die Antonija zum Mitnehmen ausgewählt hatte. »Selbst wenn ich sie nicht gestört hätte, wäre ich gegangen, ich kann diesen Anblick nicht ertragen, diese lieben, verlorenen jungen Menschen, das würde selbst einem Fremden das Herz zerreißen – wie erst einer Mutter, die genau weiß, was einmal auf sie zukommen wird.«

Wir saßen in unserem Wohnzimmer mit dem kostbaren Herd, der uns an diesen sommerlichen Tagen bis zum Wahnsinn erhitzte. Wir tranken Kakao, den wir vor uns selbst gern als Kaffee ausgegeben hätten (schon seit zehn Tagen tranken wir nur morgens Kaffee, als eine Art Medizin, damit unser bescheidener Vorrat länger reiche; und für das nachmittägliche Ritual, mit dem wir bereits jahrelang eine mentale Grenze zwischen unserem Heim und der Welt ziehen, benutzten wir Kakao, den wir zum Kaffee erklärten). Sara lehnte den Kakao ab, sie saß zwischen uns, schwieg eine Weile und begann dann einen Monolog über die beiden armen jungen Menschen und über ihr, Saras, Bedürfnis, ihnen aus den Augen zu gehen. Wahrscheinlich ohne zu wissen, was sie tat, nahm sie die von mir gedrehte Zigarette entgegen, hielt sie unangezündet zwischen den Fingern, führte sie gelegentlich an die Lippen und zog daran, als rauchte sie. H. und ich gossen Kakao aus dem Stieltöpfchen in die Mokkatassen, schlürften und rauchten und brachten es tatsächlich fertig zu glauben, daß Kakao mit Zigarette eine ganz gute Sache ist. Wir hörten Sara zu, die in Sätzen ohne Anfang und Ende redete und redete, ohne eine Antwort, vermutlich nicht einmal Aufmerksamkeit zu erwarten.

Als wir den Kakao getrunken hatten, fragte H. in sachlichem, fast kaltem Ton, ob Sara ihr beim Kochen und so weiter helfen würde, was für mich eine klare Aufforderung war, mich in mein Zimmer zurückzuziehen. Später hatte ich Gelegenheit, den Damen beim Mittagessen Gesellschaft zu leisten; es verlief in einer dumpfen Atmosphäre, wie ich sie in meinem Hause nicht kenne und nicht ertrage (wir wechseln keine unpersönlichen Höflichkeitsfloskeln, die alle Leute in derselben Manier hersagen, ohne Rücksicht darauf, wem sie gelten; solche Kommunikation funktioniert wunderbar, weil sie keine Mühe kostet, und darum wird bei uns daheim nicht so geredet), sodass ich keine Mahlzeit einnahm, sondern meinen Hunger stillte. Danach ging ich wieder in mein Zimmer.

Erst nach neun, als es schon ziemlich dunkel war, rief mich H., damit wir Sara nach Hause begleiteten. Wir gingen schweigend und sehr schnell, obwohl wir bei dieser schwachen Sicht keine Angst vor Scharfschützen haben mussten. Wahrscheinlich konnten wir einfach nicht mehr miteinander, wahrscheinlich hatten die beiden einander alles gesagt und wussten nicht, was sie mit mir reden sollten. Außerdem waren wir nicht gleichberechtigt, denn H. und ich hatten einander, und Sara blieb allein. So zu tun, als wäre es anders, wäre dumm und heuchlerisch, es auszusprechen, brutal und sinnlos gewesen. Nur das Schweigen erlaubte uns, zusammen zu sein, aber auch nur so kurz wie möglich.

In der Masaryk-Straße, wo sie zu ihrem Haus abbiegen musste, erinnerte mich Sara noch einmal daran, dass wir uns tags darauf um vier Uhr bei ihr sehen würden. Sie reichte meiner Frau kurz die Hand, wandte sich dann um und ging davon. Ihre Schritte waren irgendwie schwer, aber dennoch schnell, sodass sie bald von der Dunkelheit verschluckt wurde, jedenfalls ehe wir feststellen konnten, ob sie sich noch einmal umdrehte, bevor sie ihr Haus erreicht hatte.

Auch wir machten schweigend kehrt und begaben uns auf den Heimweg. Nicht dass wir keinen Gesprächsstoff gehabt hätten, doch es kam uns wahrscheinlich ungehörig vor, über Sara zu reden, die für uns das nächstgelegene Thema gewesen wäre. Außerdem ging von H. eine schlechte, geradezu negative Strahlung aus, die ich ertragen musste, so, als reiste übermorgen *meine* Tochter ab oder als hätte *ich* H. demonstrativ nicht zum Essen eingeladen. Das sagte ich ihr irgendwann, aber sie lächelte nur kurz, winkte ab und sagte, das sei unwichtig und sie sei Sara überhaupt nicht böse, im Gegenteil. Aber sie enthielt sich weiterer Erklärungen, was für sie ebenfalls ungewöhnlich ist, und so kamen wir schweigend zu Hause an. Erst als wir in unserer Wohnung waren und ich abschloss, zischte sie, dass ihr »auch dieser Kenan nicht ganz geheuer« sei, und erklärte mir in immer lauterem Ton, dass man, wenn man schon die richtige Frau gefunden hatte, diese Frau nicht loslassen durfte.

»Du musst um das kämpfen, dessen du sicher bist, du musst kämpfen, um ein ganzer Mensch zu bleiben«, schloss sie müde und nicht sehr überzeugend. Dann ging sie ohne Gutenachtgruß in ihr Zimmer.

Beim Abschiedsessen waren wir nur zu viert – Antonija, Dubravko, ich und Sara. Kenan war schon gegen Mittag unter dem Vorwand gegangen, Antonija brauche Zeit zum Packen, aber der wirkliche Grund war vermutlich, dass man das Abschiednehmen nicht mehr ertragen und es rein technisch nicht mehr in die Länge ziehen konnte – irgendwann muss man Adieu sagen oder sich anders besinnen. Diesen Gedanken verriet ich natürlich niemandem, es wäre zu taktlos gewesen, aber ich glaube noch heute, dass ihn die rein technische Unmöglichkeit weggetrieben hatte, die Abschiedsprozedur noch weiter auszudehnen. Die Sekretärin aus Saras Schule, zugleich ihre beste Freundin, die mit ihrem Mann kommen sollte, war auch nicht erschienen, weil ihr Sohn vorgestern Abend auf dem Zlatište verwundet worden war und beide sich seit dem frühen Morgen im Militärkrankenhaus aufhielten.

Sara hatte Käferbohnen gekocht, die in Bosnien aus irgendeinem Grund *boba* heißen, mit Makkaroni, die einen Teil der Schärfe absorbierten und daher besonders schmackhaft waren. Zugleich mögen die Bohnen, ohne die üblichen bosnischen Gewürze, wohl die besten gewesen sein, die ich je gekostet hatte. Ob aus Not (weil sie nicht genügend Bohnen für die geplanten sieben Personen hatte) oder weil sie wusste, wie gut Bohnen und Makkaroni zueinander passten, jedenfalls servierte uns Sara eine ungewöhnliche Delikatesse, zu der sie heiße Brötchen reichte, die sie am Morgen geknetet und nachmittags, als sie an der Reihe war, unten neben der Garage in dem von allen Hausbewohnern genutzten Ofen gebacken hatte. In der zweiten Augusthälfte, am Ende des fünften Blockademonats, Käferbohnen auf den Tisch zu zaubern grenzte an ein Wunder.

Wir, die wir am Tisch saßen, bemerkten an Sara weder

Stolz noch Selbstzufriedenheit; keine Spur des Bewusstseins, dass sie etwas Besonderes auftrug, war in der Art, wie sie uns bediente; jene starke Frau war aus ihrem Ausdruck, ihren Bewegungen verschwunden. Es konnte einem angst und bange werden, wenn man ihr zusah, wie sie die Teller hinstellte, das Brot verteilte, das Bohnengericht auftat und zwischen Küche und Tisch hin und her ging. Sie wirkte irgendwie mechanisch, aber nicht einmal wie ein Automat, denn ein Automat hätte eine gewisse Anwesenheit bedeutet. Sara aber und ihr ganzes Verhalten während unseres Essens war die reine Abwesenheit.

Sie stand lange gedankenversunken bei der Kredenz, dann brachte sie vier Teller, zwei stellte sie Dubravko hin, was sie erst bemerkte, als sie sah, dass einer für sie fehlte. Dubravkos freundliches Angebot, ihr zu helfen, lehnte sie mit einer Kopfbewegung ab, und als ich mich anbot, kanzelte sie mich ab wie einen Schuljungen, mit dem Kommentar, das würde mir auch die eigene Frau nicht erlauben. Doch es kam noch schöner. Von den Nachbarn mit dem Gas hatte sie die Bohnen geholt und war zwischen Küchentür und Tisch mit dem vollen Topf stehen geblieben, als fragte sie sich, worum es ging, wohin sie wollte und wo sie sich überhaupt befand. Oder sie begann unsere Teller zu füllen (sie wollte unbedingt jeden persönlich bedienen und ließ nicht zu, dass sich jeder selbst auftat), umging aber meine Wenigkeit, obwohl sie über diese Wenigkeit buchstäblich stolperte. Und so weiter, zahllose kleine, dumme Fehler, plötzliches Innehalten, Kopfzerbrechen, was sie wohl gerade hatte tun wollen. Dabei war sie hochgradig nervös, sehr ungeduldig und untergründig aggressiv gegen alle und besonders gegen Dubravko, sodass ich mich veranlasst sah, mir mehrmals die Frage zu stellen, ob wir als Gäste geladen oder mit Gewalt in dieses ehrbare Haus eingedrungen waren.

Meine Indignation war natürlich stark übertrieben und sagte mehr über meine Reaktion auf Saras kläglichen Zustand als über ihr Verhalten. In allem, was sie tat, selbst in ihrer Aggressivität, war nichts Persönliches, nichts Eigenes mehr, wohl deshalb wirkte es so abstoßend. Ich würde fast sagen, dass es nichts Menschliches mehr darin gab. Als handelte ein anderer an ihrer Stelle. Jemand, der fern und gleichgültig und mit seinen eigenen Angelegenheiten beschäftigt war, dirigierte Saras seelenlosen Körper, wenn er Zeit fand, an sie zu denken. Er setzte sie zum Beispiel in Bewegung, damit sie den Topf mit den Bohnen bei den Nachbarn abholte, wo sie gekocht hatte, doch dann widmete er sich seinen Angelegenheiten und vergaß sie, gerade als sie zwei Schritt vor dem Tisch in ihrer Küche stand, sodass sie mitten in der Bewegung erstarrte wie eine Puppe – bis er sich ihrer wieder entsann, fern und gleichgültig, wie er war, und sie erneut in Gang setzte und sie anfangen konnte, uns die Bohnen aufzutun. An einer Stelle im Koran heißt es, dass alles dank Gottes Gnade existiert, weil Sein Blick auf allem ruht; etwas, wovon Er ihn nur eine Tausendstelsekunde abwendete, würde verschwinden. Daran musste ich denken, als ich Sara zusah, nur dass es bei Sara etwas Inneres, Unsichtbares war, das ab und zu verschwand. Ihr groteskes Verhalten hätte uns das Mittagessen selbst dann verdorben, wenn wir in besserer Stimmung gewesen wären.

Als endlich jeder einen vollen Teller vor sich und ein

Brötchen daneben hatte, nahm Sara ihren Platz gegenüber dem Fenster ein, und die Mahlzeit hätte beginnen können. Doch Sara und Antonija machten keine Anstalten dazu, und weder Dubravko noch ich waren bereit, in einem fremden Haus als Erste zuzugreifen. Antonija starrte apathisch auf einen Punkt an der Wand hinter unseren Köpfen, sie hielt ihr Taschentuch zerknüllt in der rechten Hand, und ihr bleiches Gesicht mit den großen dunklen Ringen unter den Augen bekundete völliges Desinteresse an der Welt um sie herum, während ihre Mutter nach dem Löffel griff und dann abschaltete: Sie vergaß, wo sie war und was sie wollte. Als sie wieder zu sich kam, forderte sie uns zum Essen auf und tauchte den Löffel ein. Ich glaube, dass sie sich Mühe gab; die Anstrengung, ihre Stimme lebhaft klingen zu lassen und eine einladende Geste zu machen, war ihr anzumerken. Aber beides misslang. So begann die Mahlzeit, die Sara tags zuvor als Abschiedsessen bezeichnet hatte.

Nach zwei, drei Bissen erklärte Antonija, Sara habe dieses Essen am Ende des Krieges zubereiten wollen und deshalb die Bohnen bis jetzt aufgehoben. »So hätten wir gerne zusammen gefeiert – und vielleicht noch ein sehr naher Mensch«, sagte Antonija mit gleichgültiger Stimme und aß langsam und lustlos weiter. Dubravko und ich sahen uns an: Was sollte diese Mitteilung bedeuten, war sie an uns beide gerichtet, wurde sie uns anstelle von Salat angeboten oder als Aufforderung, aufzustehen und zu verschwinden, war das arme Mädchen einfach übergeschnappt und wusste nicht, was es redete? Letzteres war das Wahrscheinlichste. Antonija sah wirklich schlecht aus, offensichtlich sprach sie ohne Überlegung aus, was ihr auf der Zunge lag, aber sie nahm uns beide gar nicht wahr, geschweige denn, dass sie uns versteckte Botschaften hätte übermitteln wollen. Trotzdem hinterließen ihre unglücklichen Worte etwas Ungutes in der Luft, und die ohnehin schlechte Atmosphäre wurde bedrückend. Ich sah, dass Dubravko sich zum Bleiben zwang, also grinste ich und schüttelte den Kopf in der Annahme, ich würde ihn zum Ausharren ermuntern (uns beide ermuntern).

Und dann brach es plötzlich aus Dubravko heraus. Er redete rasend schnell, stürzte sich in einen Monolog wie ein Süchtiger nach stundenlanger Abstinenz auf die Droge. Ich glaube, dieser Ausbruch war sogar für ihn eine Überraschung, aber für mich war er beinahe ein Schock. Vielleicht hatte ich erwartet, dass er sich in dieser Situation genauso verhalten würde wie ich, und ich biss die Zähne zusammen, verfluchte mich wegen meiner unseligen Bereitschaft, mich für meine Nächsten zu opfern, und zwang mich zu essen, obwohl mir die Bissen im Halse stecken blieben. Viel später fiel mir ein, dass Dubravko wohl doch dasselbe getan hatte wie ich, nur dass sein Zähnezusammenbeißen dieser Monolog war, in den er sich stürzte: reden, reden, reden, schnell, unaufhaltsam, hoch nervös und agitiert, vor allem jedoch laut. Zuerst drückte er seine Bewunderung für die köstliche Mahlzeit aus, lobte die originelle Geschmacksnote und erklärte, soweit ihm bekannt, würden Bohnen in Bosnien nicht auf diese Weise zubereitet, jedenfalls habe er sie so noch nie gegessen. Dieses Rezept, Käferbohnen mit Makkaroni, sei sensationell.

Lang und breit dozierte er über alles, was mit Käferbohnen und Bohnen überhaupt zusammenhing, um dann übergangslos auf seine Dissertation zu sprechen zu kommen. Bis in alle Einzelheiten legte er uns die Probleme dar, mit denen er sich auseinandersetzen musste, um die notwendige Anzahl von Hundekiefern zu beschaffen (sicher übertreibe ich nicht mit der Behauptung, dass etwas Wahnwitziges in der Ausführlichkeit und Systematik seiner Schilderung lag). Ich weiß nicht mehr, welche Rolle die Hundekiefer in der Dissertation spielten, aber ich erinnere mich, dass es eine unglaubliche Menge dieser Kiefer war, die der arme Mensch auftreiben musste, und dass dies der schwierigste Teil der ganzen Dissertation war. Ein hübsches Detail habe ich mir gemerkt, nämlich dass Dubravko Aussichten hatte, ein Resümee seiner Doktorarbeit in einer berühmten amerikanischen Zeitschrift zu veröffentlichen, falls es ihm gelingen würde, die Hundekiefer aus Sarajevo herauszuschaffen. Dann improvisierte er für uns dieses Resümee, das auf Englisch verfasst sein musste und beweisen sollte, was an seiner Arbeit im Weltmaßstab neu war. Er war traurig, weil wir aus seiner Zusammenfassung nicht begreifen konnten, worum es überhaupt ging; anhand von ein paar Hundekiefern hätte er uns in wenigen Minuten alles erläutern können.

Dubravko redete wie aufgezogen. Mir summte der Kopf von der Lautstärke und dem schrillen Ton seiner Stimme, die in der metallenen Stille um den Tisch widerhallte. Wenn er nur redete, dachte ich, das könnte man noch ertragen, sogar dieser Unsinn ließe sich noch verkraften, das ist immer noch besser, als wenn er etwas Vernünftiges sagte, aber warum redet er nur so unerträglich laut, dachte etwas in mir. Außerdem fiel mir auf, dass er die ganze Zeit direkt zu Sara sprach, als verteidigte er sich gegen jene Aggressivität und Gereiztheit, die sie seit unserer Ankunft unverhohlen an den Tag legte. Als wollte er eine Mauer aus Worten zwischen sich und ihr errichten, hinter der er sich verstecken konnte. Oder versuchte er, in diesem kläglichen Ritual den Anschein eines normalen Essens zu wahren, bei dem man eine menschliche Stimme hören musste? Oder wollte er Sara helfen, den eigenen Gedanken und Gefühlen zu entfliehen, sie mit seinem Geschwätz von dem ablenken, was in ihr vorging? Jedenfalls war das nicht seine Art, die Zähne zusammenzubeißen, wie ich kurz geglaubt hatte, es war der Versuch, eine offene Rechnung zu begleichen. So gut kenne ich Dubravko inzwischen, um mir dessen sicher zu sein.

War es wirklich etwas wie Selbstverleugnung, das ich in Dubravkos Stimme zu hören vermeinte, oder habe ich mir das nachträglich zurechtgelegt, um mir die ganze Situation verständlich zu machen? Habe ich womöglich mein eigenes Gefühl in seine Stimme hineinprojiziert? Heute kann ich es nicht mehr sagen, auch damals hätte ich diese Fragen nicht beantworten können, und wenn ich es noch so sehr versucht hätte. Zum Glück ist es nicht wichtig, Antworten zu haben, auch Fragen sind nicht besonders wichtig. Es geht nur darum, dass ich bei diesem qualvollen Mittagessen plötzlich den starken Eindruck hatte, dass Dubravko sich aus Schuldgefühl so verrückt aufführte. Er fühlte sich schuldig vor Sara, weil er ihr die Tochter entführte. Und deshalb redete er wie ein Wahnsinniger, um diese Tatsache zu vertuschen, um zu verhindern, dass sie uns zu Bewusstsein kam, um unsere Aufmerksamkeit von dem abzulenken, was offen im Raum stand, unsichtbar, aber aggressiv gegenwärtig. Wenn er redete, wenn irgendjemand redete, wenn nur eine menschliche Stimme erklang, würde all das wie ein Mittagessen aussehen, und so tat er Sara einen kleinen Gefallen, der zwar Antonijas Entführung nicht aufwiegen konnte, aber … Dummes Zeug, ich tue jetzt so, als ließe sich Schuld rationalisieren. Er fühlte sich schuldig, weil er Antonija entführte, und darum redete er. Und ich geriet in Rage, als ich es begriff. Ein Chaos von Gefühlen zwischen Wut und echter Rührung: Ich dachte, wie absurd von Dubravko, sich schuldig zu fühlen, und gleichzeitig dachte ich, dass genau das an ihm wunderbar war, ich dachte, was für ein hoffnungsloser Fall, und wusste, Dubravko war der Beweis, dass jeder hoffnungslose Fall ein prachtvoller Kerl ist. Und unter dieser Explosion von Gefühlen gab ich ihm einen Tritt unter dem Tisch.

Dubravko verstand ihn falsch, nicht als Ausdruck meiner Wut, sondern als Hinweis, wie unangebracht es unter den gegebenen Umständen war, die Geheimnisse der modernen Prothetik darzulegen. Mitten in einem Satz über seinen Professor, diesen phantastischen Menschen, eine Koryphäe seines Fachs, verstummte er. Aber sein Schweigen dauerte nur so lange, bis er wieder zu Atem kam und ein neues Thema fand. Und da dies das Brötchen neben seinem Teller war, begann er gleichermaßen lautstark über Saras Brot zu reden. Die Bohnen, die man uns angeboten habe, seien wirklich wunderbar gewesen, aber dieses Brot hier hätte nicht seinesgleichen. »Es gibt noch mehr«, sagte Sara schroff, stand auf, entnahm der Kredenzschublade noch ein kleines Brot, obwohl das neben Dubravkos Teller kaum angebissen war, und legte es auf den Tisch. »Nimm!«

Dann kehrte sie an ihren Platz zurück.

Das war ein Schock für uns alle, selbst für Antonija, die aussah, als hätte sie nichts von all dem mitbekommen, was um sie herum vorging, als hätte sie sich selbst vergessen. Sie hörte auf zu essen und starrte Sara an. Dubravko hörte ebenfalls auf zu essen, verstummte, sah zuerst Sara an, wandte dann den Blick mir zu, als wollte er sich vergewissern, dass das, was er gerade erlebt hatte, wirklich geschehen war, und drehte sich wieder zu Sara um, von der er wohl eine Erklärung erwartete. Ich legte den Löffel weg und beschloss, auf der Stelle zu gehen, weil es einfach idiotisch gewesen wäre, sich dieses absurde Theater länger zuzumuten, änderte jedoch meinen Beschluss und blieb – aus purer Neugier, nehme ich an. Sara hatte die ganze Zeit nicht einmal versucht, ihre Gereiztheit Dubravko gegenüber zu verbergen, und insofern konnte man diese Geste mit dem Brot nur als Fortsetzung oder Höhepunkt, als klarsten Ausdruck ihrer Gereiztheit betrachten. Seit Dubravkos Ankunft war doch wohl aus jeder Geste, jedem Blick, jedem Wort klar geworden, dass Sara ihm nicht verzeihen konnte und auch nicht die Absicht hatte, aber das mit dem Brot war doch etwas zu viel, mehr, als Dubravko verdient hatte, und mehr, als von Sara zu erwarten war. Wohl deshalb war damit das Maß meiner Bereitschaft erschöpft, meine Nächsten zu erdulden. Ich kann es ertragen, wenn ein Mensch für schuldig erklärt wird, nur weil er zwei Frauen retten möchte, ich gebe zu, dass vor einer Mutter ein Mensch sich schuldig macht, der ihre Tochter zu retten versucht (Dubravko ist in gewisser Weise schuld, weil er gute Absichten hatte und, wie immer, wenn jemand gute Absichten hat, sich selbst und anderen Probleme machte und nebenbei eine Familie zerstörte). Ich kann es zum

Beispiel ertragen, dass sich dieser Retter schuldig fühlt, dass man ihn bestrafen und verletzen muss. Was ich aber nicht ertragen kann, ist die Überzeugung dieser Frau, sie könne ihre Nächsten mit Güte bestrafen. Ich könnte keine Welt dulden, in der eine Sara urteilt und straft, indem sie Brot austeilt. Ich habe ohnehin genug von der selbstverliebten bosnischen Irrationalität, aber Selbstverliebtheit und Irrationalität, die sich auf diese Weise manifestieren – vielen Dank.

Ich blieb aus Neugier, die sich in der Frage konzentrierte: Worauf läuft das hier hinaus? Wer ist diese Sara, wie viel hat unsere Gastgeberin mit der Sara gemein, die ich in dieser Küche hier kennen gelernt habe? Wer ist dieser Dubravko, der sich und anderen all das gestattet? Warum hatte Sara diese Quälerei veranstaltet? An wem rächte sie sich? Wie sollte am Ende ihre Rache aussehen? All das musste sich irgendwann aufklären, und ich wollte dabei sein. Übrigens hatte ich zwei von den Anwesenden wirklich gern, Sara liebte ich geradezu, aber dies hier glich einer Abrechnung.

Offenbar meinte auch Dubravko, dass es hier um eine Abrechnung ging und dass Reden seine stärkste Waffe war, also beschloss er, zu reden, zu reden, zu reden, bis er tot umfiel oder wenigstens verstummte. Nachdem er seine Stimme wiedergefunden hatte, ging das Gerede weiter, diesmal über die besondere Bedeutung, die dem Brot in der menschlichen Ernährung zukam, seine persönliche Beziehung zum Brot, das eher ein Synonym für Speise war, ja, das Wesen aller Speisen in sich vereinte. Er erzählte, dass er gern aß, obwohl das bei seiner Magerkeit nicht auf den ersten Blick zu erkennen war, dass er Lieblingsspeisen hatte, einige auch selbst zubereiten konnte, darunter solche, zu denen man den Regeln nach nicht unbedingt Brot essen sollte, er aber müsse es, weil er ohne Brot nicht satt werde. Er könne essen, wenn er etwas vor sich hatte, was er mochte, aber ohne Brot werde er nicht satt, egal, wie viel er gegessen habe. Demnach behaupte er, ein echter Bosnier zu sein, weil für einen Bosnier das Gefühl, satt zu sein, unzertrennlich mit Brot verbunden sei. Brot sei Speise schlechthin, Grundlage des Lebens, alles andere nur Beigaben, welche die Existenz auf Erden mehr oder weniger angenehm machten. Brot werde gegessen, alles andere diene der Geschmacksverfeinerung. Er habe oft reichhaltig getafelt, selbst ein Kilo Fleisch verdrückt, aber ohne Brot sei keine Mahlzeit vollkommen gewesen. Komisch, aber zur Veranschaulichung geeignet, seine Erfahrung aus der deutschen Stadt Gießen, wo er drei Monate Spezialausbildung absolvieren musste. Dort hatte er gewaltige Probleme, eine Zeit lang hatte er buchstäblich gehungert, weil die Deutschen zum Essen kein Brot aßen, es konnte sogar passieren, dass nicht einmal im Restaurant Brot gereicht wurde. Zum Glück kam er auf die Idee, Brot einzukaufen und es in die Mensa mitzunehmen. Stell dir vor, so viel Schönheit, so viel Reichtum, ein Schlaraffenland – und ich hungere wie ein Idiot, schloss Dubravko seine Tirade, stieß ein kurzes, kehliges Lachen aus, das mir einen Schauer über den Rücken jagte, und verstummte.

Die Stille, die nach Dubravkos Gelächter eintrat, hatte etwas Peinigendes, wie unser Essen. Aber auch etwas Grausiges. Später habe ich mich oft gefragt, ob nur ich so auf Dubravkos Gelächter reagiert habe, auf etwas, was ich darin hörte, einen Ton, den man von einer Menschenstimme nicht erwarten würde, oder ob auch die anderen etwas Ähnliches empfunden hatten. Und jedes Mal, wenn ich mich an die Mienen der Anwesenden erinnerte, an die sparsamen Bewegungen, an die Reglosigkeit, die uns vereiste, war ich sicher, dass es auch den anderen so ergangen war, sogar Dubravko selbst. Ich sage nicht, dass ihm die eigene Stimme schauerlich klang, sondern nur, dass er ein Grauen empfand und deshalb ebenso plötzlich verstummte, wie er zu reden begonnen hatte.

Der kehlige Ton in Dubravkos Stimme holte aus den tiefsten Schichten meiner Erinnerung einen Laut hervor, mit dem der kalte Schauer, der einem den Rücken herunterläuft, aufs engste verbunden ist und den ich, Gott ist mein Zeuge, gern vergessen hätte. Als ich klein war, rächten wir Jungen uns an den Nachbarn, die uns beim Stehlen erwischten und bei den Eltern anschwärzten, die uns prügelten oder aus unerfindlichen Gründen malträtierten und uns Unrecht taten. Wir rächten uns, indem wir nachts in ihren Hof eindrangen und ihre Gänse erdrosselten. Nachts ist eine Gans hilflos, sie kann nicht weglaufen oder sich verteidigen, und ihr Besitzer schläft. Wir packten die Gans mit der Linken am Hals und mit der Rechten am Kopf, drehten den Kopf mit einer raschen Bewegung nach rechts oben, und die Sache war erledigt. Bis das Geschrei der anderen Gänse den Besitzer weckte, konnte ein geschickter Junge zehn von ihnen erledigen. Ich kam nie auf fünf und wurde danach jedes Mal krank. Ich wurde krank von dem Ton, den die Gans ausstieß (der sich ihr entrang), wenn ihr knackend der Kehlkopf zerdrückt wurde. Nur davon. Und sicher auch, weil mir dieser Ton aus irgendeinem Grund im inneren

Ohr stehen blieb oder in der Nacht ins Ohr zurückkehrte und mir danach ins Bewusstsein drang und weiter in die Seele, in die entlegensten Winkel meines Körpers und meines Geistes, hartnäckig Nacht für Nacht, sieben, acht Nächte hintereinander. Nur dieser Ton, in dem etwas war, was ein Grauen hervorrief. Weder die Berührung des Gefieders noch die ruckartige Drehung nach rechts oben konnten meine Hände erinnern, keine Bilder verfolgten mich nach den nächtlichen Beutezügen in den Schlaf oder im Traum, nichts, nur dieser Ton, der Nacht für Nacht in meinem Ohr war, wenn ich im Bett lag. Das Heranwachsen befreite mich von diesem Ton, vielleicht weil ich aufhörte, nachts in fremde Höfe einzudringen, seit meiner Pubertät habe ich ihn nie wieder gehört. Ich vergaß völlig, dass mich einmal ein grausiger Ton verfolgt hatte, aber nun hatte Dubravko ihn aus einem dunklen Verlies meines Gedächtnisses befreit und mit ihm die schauerliche Angst. In Dubravkos Lachen war etwas von der Stimme einer erstickenden Gans gewesen.

Doch was konnte unsere Gastgeberinnen so erschreckt haben?

Gab es etwas objektiv Schauerliches in der Stille, die nach Dubravkos Lachen eingetreten war? Gab es da irgendetwas, oder waren all das nur meine zusätzlichen Erklärungen, die mein irrationales Vorgehen rechtfertigen sollten? Und nur meine?

Wir legten unsere Löffel hin, schluckten unseren Bissen hinunter und schwiegen, den Blick stur geradeaus gerichtet: Antonija, die immer noch auf ihren Teller starrte. Sara, die in die Runde blickte, oder ich, der eher die Veränderungen auf den Gesichtern zu lesen versuchte. Die Stille dauerte lange und wurde so unerträglich, dass ich mir wünschte, jemand möge husten, ich setzte schon an, um den Vorschlag zu machen, aber meine Stimme gehorchte mir nicht, ich versuchte selber zu husten, und wieder versagte mir die Stimme.

Ich sah Dubravko an, in der Hoffnung, ihn zum Sprechen zu ermuntern, aber Dubravko blickte vorsichtshalber unverwandt auf seinen Teller. Die Stille legte sich auf uns wie Feuchtigkeit oder Angst und presste uns die Kehle zusammen. Das war nicht mehr auszuhalten, das drohte mir die Luft zu nehmen. Und dann brach es los.

Wie kurz zuvor Dubravko stürzte ich mich wie aus heiterem Himmel in einen Monolog. Scheinbar als Antwort auf Dubravkos Geschwätz über Brot redete ich über Getreide. Ich hielt, man möge mir verzeihen, einen richtigen Vortrag, in dem es zweifellos viel Zusammenhangloses gab, in den aber auch viele Überlegungen und Kommentare, Notizen und Fragen zu den Büchern eingingen, die ich in verschiedenen Phasen meines zu langen Lebens gelesen habe, vieles also von dem, was ich wirklich denke und was ich aus völlig unverständlichen Gründen gerade hier und jetzt aussprach.

Ich führte aus, dass Dubravkos und, wie er meinte, die allgemein bosnische Beziehung zum Brot keine Ausnahme darstellte, denn das Brot habe überall eine besondere Bedeutung, wo der Überfluss des Alltagslebens nicht die Erinnerung gelöscht hat. Aber die besondere Stellung des Brotes unter den Lebensmitteln (zum Beispiel im gastronomischen System einer Kultur) sei nur ein Reflex beziehungsweise eine Folge der besonderen Stellung, die das Getreide unter den Nahrungspflanzen einnehme. Die Bedeutung des Getreides im System der Nahrungspflanzen stelle in jeder Hinsicht eine Ausnahme dar, und zwar in allen Kulturen der Alten Welt, zumindest in der mediterranen Welt und an ihren Rändern. Die Kultur beginnt mit der Bearbeitung des Bodens (Kultur ist ursprünglich Bodenbearbeitung und alles, was darum herum entsteht) und der Aufzucht der Nahrungspflanzen, und die grundlegende Nahrungspflanze in den mediterranen Kulturen ist das Getreide. Die Fruchtbarkeit eines Landstrichs wurde danach bemessen, wie viel Getreide dieses Gebiet trug, die Güte oder Fruchtbarkeit eines Jahres wurde nach dem Ertrag der Getreide bemessen, der Reichtum einer Gegend drückte sich in der Menge des Getreides aus, das sie hervorbrachte. An den Getreidevorräten konnte man abschätzen, ob in einem Jahr oder in einer Region eine Hungersnot drohte (wo es Getreide gibt, ist Hunger nicht möglich), und die Herrscher verteilten Getreide, wenn sie sich beim Volk beliebt machen wollten.

Wenn es überhaupt möglich war, den ernährerischen und ökonomischen Wert des Getreides in den mediterranen Kulturen zu überbieten, dann hinsichtlich seines symbolischen Wertes. Durch das Getreide nämlich entdeckten die Kulturen den gütigen Gott (nach all den strengen, nur strafenden Göttern), sie entdeckten die Korrespondenz zwischen Diesseits und Jenseits, sie erfuhren von der Existenz eines guten und fruchtbaren Todes, aus dem Getreide schöpften sie die Hoffnung auf Auferstehung. Übrigens offenbarte sich durch das Getreide den Menschen auch die Auferstehung selbst, ohne Getreide wäre die Begegnung des Menschen mit der Auferstehung kaum vorstellbar gewesen. Die Blüte der mediterranen Kulturen beginnt, als das Getreide seinen Sonderplatz unter den Pflanzen einnimmt, als es zur

Pflanze schlechthin wird und sein symbolischer Wert das Weltbild dieser Kultur durchdringt. Es gibt keine uns bekannte Kultur, die die Frage nach dem Tod nicht stellt, und ohne Getreide kann man die Frage nach dem Tod nicht mit Hoffnung verbinden. Darum stand das Getreide im Mittelpunkt der Geheimkulte, der ursprünglichen Geheimkulte der ägyptischen, der mesopotamischen, der griechischen und der christlichen Kultur, beziehungsweise haben all diese Kulturen ihre aufregendsten Vergleiche in ihren heiligen Schriften vom Getreide abgeleitet. Man könnte fast sagen, dass all diese Kulturen aus dem geistigen Bild des Getreides gewachsen und nur im Zusammenhang mit dem Getreideanbau denkbar sind. Hat nicht die islamische Kultur den symbolischen Wert des Getreides in der Dattel wiedererkannt, deren Blätter durch ihren Tod den Dattelbaum hervorbringen? Und hat nicht diese Kultur, sosehr sie das Obst und seine frischen Früchte der Vorstellung vom Paradies zugrunde legte, vielerorts das gewaltige symbolische Potential der Palme zum Ausdruck gebracht, die aus dem eigenen Tod ersteht, ein symbolisches Potential, durch das die Palme fast dem Getreide gleichgestellt wird? Hat nicht Zarathustra die Viehzüchter verflucht, weil sie das Getreide nicht kennen und ehren, weil sie nicht fähig sind, die Nähe von Tod und Geburt zu begreifen und die mediterrane Kultur anzunehmen? Und sind nicht die Viehzüchter dadurch verdammt, dass ihnen das geistige Bild der Auferstehung vorenthalten blieb?

Und so weiter und so fort.

Ich redete und redete, so wie ich früher mit den Studenten geredet hatte, wenn wir uns vom Thema im engeren Sinne entfernten und auf ein Problem stießen, das im

Lehrplan nicht vorgesehen war. Ich redete ohne Rücksicht darauf, ob mir jemand zuhörte. So als redete etwas aus mir, als sammelten sich unabhängig von mir Überlegungen, Fragen, Bilder, die im Verlauf der vielen Jahre des Lesens am Rand geliebter Bücher entstanden waren. Einen Teil dessen, was ich redete, habe ich wiedererkannt, das waren meine Kommentare, meine Fragen zu manchen mir besonders wichtigen Werken, aber zum großen Teil waren es überhaupt nicht meine Gedanken, waren es überhaupt keine Dinge, die ich weiß, zumindest hatte ich nie gewusst, dass ich sie weiß. Wenn ich sie aber doch wusste, wenn ich keine sinnlosen Dinge ausgesprochen haben sollte, wenn ich nicht in diesem Moment alles erfunden hatte, was ich behauptete, ohne es dabei zu wissen – was dann? Einzelne Gedanken, die ich als meine wiedererkannte, mussten in meinem Geist bis zu diesem Augenblick abgesondert voneinander existiert haben, ohne je ein kohärentes Ganzes bilden zu können. Nie wäre ich auf die Idee gekommen, diese Gedanken miteinander zu verbinden oder die Eindrücke, die in verschiedenen Phasen meines Lebens durch Lektüre entstanden sind, in einen systematischen Zusammenhang zu bringen. Wie fügte sich das alles jetzt in diesen Vortrag? Wer hat diesen Vortrag gehalten und warum? Warum jetzt bei diesem Mittagessen?

Wer weiß, wie lange das alles gedauert hätte, wäre mir nicht meine eigene Stimme ans Ohr gedrungen. Ich hörte mich reden und war verwirrt, weil ich bemerkte, dass ich zwar mit meiner Stimme redete, aber sicher nicht auf meine Weise, eher so, wie ich es von einem Provinzpolitiker erwartet hätte – mit fadenscheinigen Tricks aus der Schulrhetorik, ohne wirkliches Verständnis des Gesprochenen. Das verwirrte mich umso mehr, als ein Teil des Vorgetragenen wirklich von mir stammte, es waren meine Fragen und meine Bilder, Repliken aus Gesprächen mit gelesenen Büchern und meine Vorwegnahme möglicher Antworten. Nichts davon war zu spüren in dem, was ich hörte. Das führte mich zu der Frage, warum ich all das redete, ob ich wirklich der Redner war? Und wenn ich es war, wer war dann ich?

Mein unwürdiger Ausfall beschämte mich zutiefst. Getreide, Kultur und Auferstehung vor drei unschuldigen Menschen! Was du nicht sagst, Professor! Und all das in einem Haus, aus dem morgen ein Mädchen weggeht und mit ihr Zukunft und Jugend! Ich hätte auch sonst nicht viel Gutes über mich sagen können, aber solche Ausfälle waren trotzdem nicht meine Art.

Erschüttert durch die Stimme der erdrosselten Gans aus meiner frühen Kindheit, gelähmt durch die Scham, die mich meiner Stimme beraubt hatte, wurde ich mir durchsichtig wie klares Wasser (o mein Gott, wie ich mir selbst klar war, zum ersten Mal im Leben! Wie wäre das Leben einfach und langweilig, wenn man sich immer so durchschauen würde). Glasklar sah ich all das, was Dubravko in mir durch die Stimme einer erdrosselten Gans aufgerissen hatte, glasklar begriff ich das Unbehagen, das Grauen, die Spannung und Angst, vor allem aber die Scham, doppelte Scham, deren beide Seiten ich in gleicher Weise empfand und begriff – die heutige Scham, weil ich als Kind tat, was ich getan hatte, und die damalige Scham (wirklich nur die damalige?), weil ich nicht die Grenze von fünf erdrosselten Gänsen überschreiten konnte, die meine jüngeren Kameraden ohne Mühe geschafft hatten. All das, was ich für längst vergessen hielt, lebte auf einmal wieder auf, und zwar kristallklar, als ob ich es durch eine Lupe betrachten würde, aber gleichzeitig empfand ich es als wirklich und konkret. Auf die gleiche Weise kristallklar und ganz objektiv sah ich, verstand ich auch meine aktuellen Empfindungen und Dilemmata. Auch mein Schuldgefühl Sara gegenüber war mir klar (dieses Gefühl hatte meine wütende Reaktion auf Dubravkos vermeintliches Schuldgefühl verursacht), weil ihr das Liebste gehen und mir das Liebste bleiben würde. Es liegt keine Güte oder Solidarität darin, sich schuldig zu fühlen, weil es in diesem Augenblick einem anderen schlechter geht als einem selbst.

Das ist reines Misstrauen gegen das Gute, Zweifel am gütigen Gott. Oder etwas viel Einfacheres und viel Schlimmeres. Klar war mir auch meine Verwirrung, das Unbehagen, weil ich mitten in einer Mahlzeit einen Vortrag hielt, vor Menschen, die kein Bedürfnis nach Worten hatten, jedenfalls jetzt nicht mehr.

Alles war mir klar geworden, ich war mir durchsichtig wie ein Kristall, zum ersten Mal im Leben hatte ich begriffen, was in mir vorging, einzig der Vortrag über das Getreide war mir unerklärlich. Woher, warum? Wem hatte ich all das erzählt? Wollte ich mich an Sara für ihre Taktlosigkeit rächen?

Ich stand auf und wandte mich grußlos zur Tür, weil ich sicher war, dass dies das Einzige war, was ich jetzt für uns alle tun konnte. Der kluge Dubravko begriff sofort, rief »ich gehe auch!«, stand auf und folgte mir. In der Tür blieb er stehen, wandte sich zu den beiden Frauen um und rief ihnen zu: »Wir sehen uns morgen.« Dann drängte er mich hinaus.

Wir gingen in völliger Stille die Treppe hinunter, versuchten miteinander Schritt zu halten, was aber alles nur verlangsamte und wesentlich erschwerte. So war unser Abstieg vom siebten Stock zugleich feierlich und ungeschickt – jedes Mal, wenn die Treppe eine Biegung machte, musste derjenige, der links ging, und das war ich, sein Bein wie ein Balletttänzer in der Luft halten, um es gleichzeitig mit dem Bein des anderen auf die Stufe zu setzen. Es kommt mir jetzt sehr lächerlich und grotesk vor, aber damals bemerkten wir nicht, wie idiotisch das aussah. Aus irgendeinem Grund brauchten wir es.

»Jedes Mal, wenn jemand aus der Stadt wegging, den ich mochte, ist es mir vorgekommen, als wäre einer gestorben«, sagte Dubravko, als wir die Masaryk-Straße erreichten. »Ich weiß also, wie dir zumute ist, und darum sage ich auch nichts mehr und hoffe, du sagst mir auch nichts. Mir bleibt die Hoffnung, dass wir uns wiedersehen, trotz alledem. Ich würde mich freuen. Wirklich.«

»Das ist aber vernünftig, alle Achtung«, freute ich mich, »ohne große Worte, ohne Abschied, so ist es gut. Wir beide haben heute zur Genüge dummes Zeug geredet.«

»Böses muss mit Bösem enden, auch ohne dein Zutun«, versuchte Dubravko zu scherzen, »du bist ein echter Professor, wenn du ›dumm‹ mit ›böse‹ gleichsetzt.«

»Du zur Čobanija-Brücke, ich zur Drvenija-Brücke«, schlug ich vor, weil ich spürte, dass ich jeden Augenblick zu weinen anfangen würde, und darum allein bleiben wollte. Nur das hätte mir noch gefehlt, dass mich jemand tröstete. »Okay?«

»Okay. Mach's gut.«

»Du auch.«

Wir schüttelten uns die Hand und gingen, jeder auf seiner Straßenseite, zum Fluss.

6

Saras Rückkehr

Heute kommt es mir fast unwahrscheinlich vor, dass ich Sara in dem knappen halben Jahr seit dem unglückseligen Abschiedsessen vom August 1992 kein einziges Mal gesehen habe. In der engen Welt, zu der wir verurteilt waren, auf den paar Kilometern das schmale Flusstal entlang oder in den wenigen Straßen im Stadtzentrum war es praktisch unmöglich, zehn Tage lang jemandem nicht zu begegnen, der hier wohnte; Sara aber habe ich in der Zeit zwischen jenem Mittagessen und Dervos Besuch mit Sicherheit nicht gesehen. Dervo kam Ende Februar 1993 von der Treskavica zurück und meldete sich sofort bei mir. Jenes Mittagessen bei Sara war am 17. August 1992 gewesen (ich weiß nicht, warum ich mir das Datum gemerkt habe, H. und ich müssen wohl darüber geredet und geheime Bedeutungen in diesem Datum entdeckt haben, aber auch diese sind mir entfallen; seit ich die Schwelle zum Alter überschritten habe, macht mir interessanterweise mehr das Probleme, was ich mir gemerkt, als das, was ich vergessen habe), das heißt, seit damals war ein halbes Jahr vergangen. In diesen Monaten habe ich mindestens fünfzehn Mal das Gesicht jedes mobilen Mitbürgers gesehen, es kam sogar vor, dass ich mich über das Gesicht eines Fremden genauso freute wie über das eines Nahestehenden, und später begriff ich dann, dass ich dieses Gesicht drei Wochen lang nicht gesehen hatte und mich einfach gefreut habe wie über einen alten Bekannten, der noch am Leben war. Sara jedoch sah ich nie.

Ich kann nicht sagen, dass ich das sehr bedauert hätte. Das Unbehagen, fast ein Schamgefühl, wegen meines Vortrags über das Getreide und meines ungeschickten, neurotischen Weggangs bei Sara steckte zu tief in mir, als dass ich mich über eine Begegnung mit ihr hätte freuen können. Überhaupt war alles, was mit diesem unseligen Mittagessen zusammenhing, auch sie selbst und ihr Verhalten, so unangenehm, peinlich, unwürdig, dass einige Zeit vergehen musste, bevor ich mich wieder an Sara freuen konnte.

Interessant ist, dass sie in dieser Zeit auch aus meinen Gesprächen verschwand. Jedes Mal, wenn ich mit ihr über Sara zu sprechen versuchte, sagte H. ein paar kurze und allgemeine Sätze, die einem jede Lust an einer Fortsetzung der Debatte nehmen konnten (und das tat dieselbe H., die wie jede geborene Lehrerin genau 45 Minuten über ein beliebiges Thema redete). Ich konnte mich auch mit niemand anders über Sara austauschen, denn wir hatten keine weiteren gemeinsamen Bekannten bis auf meine Schwester, mit der ein Gespräch über Menschen nicht möglich war, weil sie nur zwei Kategorien kannte: Patienten und Uninteressante. Also beschäftigte ich mich eine Zeit lang nur in Gedanken mit Sara, grübelte darüber nach, was bei dem Abschiedsessen passiert war, oder fragte mich, wie sie jetzt ihre Angst vor dem Alleinsein bewältigte; oder ich versuchte herauszufinden, was eigentlich zwischen ihr und H. vorgefallen war und wie jetzt eine mögliche Beziehung der beiden aussehen könnte.

So geriet Sara an den Rand meines Interesses, in jenen geistigen Raum, wo die Menschen weilen, die ich nicht treffe, aber kenne und deren Erscheinen mich nicht wundern würde, Menschen, die in meinem Geiste den Raum zwischen Erinnerung und Anwesenheit bevölkern, weil sie keiner von beiden vollständig zugehören und weil die Art, wie ich sie erlebe, Züge der einen wie der anderen besitzt. Das ist jener geistige Raum, der sich in Kriegszeiten erschreckend schnell füllt, jene Sphäre, in der teure und nahestehende Menschen weilen, von deren Tod Sie gehört, deren Leichnam Sie aber nicht gesehen oder an deren Beerdigung Sie nicht teilgenommen haben. So haben Sie ihren Tod nicht miterlebt, Sie haben ihn als bloße Information gehört, aber nicht wirklich erfahren. Darum bleibt dieser Tod für Sie abstrakt, anonym, ohne Gestalt und Gesicht, ohne Zusammenhang mit einem einzelnen Menschen, er berührt nichts, was Sie lieben oder was man überhaupt lieben kann, er bleibt einfach eine Nachricht wie eine Zeitungsmeldung über die Wale in Australien oder über die Ölpreise auf dem Weltmarkt. Und wenn Sie hundertmal Geschäftsmann sind, Sie können die Ölpreise nicht lieben, jedenfalls nicht so, wie ich die Liebe kenne und verstehe. Darum zieht ein Nahestehender, von dessen Tod Sie erfahren, der für Sie jedoch unkonkret bleibt, weil Sie weder seinen Leichnam gesehen noch an seiner Beerdigung teilgenommen haben, nicht in Ihr Gedächtnis ein, wo sich alle, die Sie liebten, unberührbar und rein aufhalten, er wird nicht zu Ihrer Erinnerung. Sie sehen und hören ihn nicht, sprechen nicht mit ihm oder über ihn, erwähnen ihn immer seltener vor anderen oder bei sich selbst, sodass er aufhört, gegenwärtig zu sein, er verschwindet aus Ihrer Wirklichkeit, rückt in immer weitere Ferne ... In diesen geistigen Raum war Sara schon im Herbst 1992 eingezogen.

All das ging mir durch den Kopf, es wurde mir fast in Sekundenschnelle klar, während ich mich an jenem verrückten Tag Ende Februar 1993 fertig machte, um mit Dervo Perina in seine Polizeistation zu gehen. Ich begriff es, weil ich versuchte, meine Freude zu verstehen, weil ich versuchte herauszufinden, warum mich Dervos Geschichte von Sara so wahnsinnig freute. Das kam mir verrückt vor: Der Mann teilt mir mit, dass meine Freundin sich umbringen will, und ich tanze und singe, während ich mich umziehe, weil ich mich wie ein Wahnsinniger freue. Und noch im Nachsinnen über Herkunft und Wesen dieser Freude begreife ich, dass Sara sich schon in dem geistigen Raum befunden hat, wo teure Verstorbene weilen, deren Tod ich nicht wirklich erfahren habe, und darum bedeutet die Nachricht, dass Sara sich umbringen will, für mich, dass sie noch immer am Leben ist, und das ist der Grund für meine übergeschnappte Freude.

Das Umziehen ging ziemlich schnell, ich musste nur die Weste und den Pullover, die ich am Leib hatte, mit einem anderen Pullover vertauschen (der Erstere war nicht für die Öffentlichkeit gedacht, und die von H. vor dem Krieg gefertigte Weste war pelzgefüttert, also zu dick, um den Mantel darüberzuziehen). Es dauerte eine Weile, bis wir in unserer dunklen Diele die Stiefel fanden, weil ich tagsüber die Taschenlampe nicht benutzen wollte und Dervo keine dabeihatte. Knapp zehn Minuten nach Dervos Aufforderung, ihn zu begleiten und mit Sara zu reden, standen wir auf der Straße vor unserem Haus.

Es schneite, als sollte nach der Sintflut eine Schneeflut über die Welt kommen. Durch den Schneevorhang konnte man keinen Meter weit sehen. Mir fiel ein, dass Dervo die Szene vor dem Eingang zum Sarajevo-Tunnel mit dem Gewimmel vor der Arche Noah verglichen hatte, und ich wollte ihm vorwerfen, dass es wegen seiner Anrufung Noahs so wahnsinnig schneite. Aber ich verzichtete, weil ich wusste, dass er meine Bemerkung als Scherz auffassen konnte, ja musste, obwohl ich sie nicht scherzhaft gemeint hätte. Mir war nicht nach Scherzen zumute; seit ich meinen Fuß auf die Straße gesetzt hatte, suchte mich die Traurigkeit heim.

Mit zunehmendem Alter werde ich immer abhängiger von meinen Gewohnheiten, ich bin stärker auf die Wiederholung bestimmter Vorgänge unter bestimmten Umständen angewiesen. Die »Ritualisierung des Lebens«, wie H. und ich diese Treue zu den Gewohnheiten nannten, die regelmäßige Wiederholung bestimmter Vorgänge, diese Beständigkeit hält mich wohl aufrecht und hilft mir, darüber hinwegzusehen, streng genommen zu vergessen, dass meine vitalen Energien rapide abnehmen. Seit der Krieg ausgebrochen ist, seit die Welt vor meinen Augen zu wanken und einzustürzen beginnt, sind mir viele meiner Gewohnheiten Lebensnotwendigkeiten geworden, fast wie Luft oder Wasser.

Diese Treue zu meinen Gewohnheiten, dieses Bedürfnis nach Wiederholung wurde in den Kriegsjahren so stark, dass jede Abweichung unabsehbare Folgen zeitigen konnte, die buchstäblich reif für die Karikatur waren. Seit früher Jugend zum Beispiel rasiere ich mich täglich, weil ich mich vorher nicht wirklich wach fühle. Als ich noch jünger war, konnte es dennoch geschehen, dass ich sogar unrasiert vor meinen Studenten erschien. Seit dem Ausbruch des Krieges ist mein Bedürfnis, mich täglich zu rasieren, fast zur Krankheit, zur Abhängigkeit geworden, sodass ich selbst bei den heftigsten Angriffen auf die Stadt meine Angst überwinde und mich rasiere, wenn der Angriff morgens beginnt. Ein einziges Mal im dritten Kriegsmonat siegte die Angst, und ich rannte unrasiert in den Keller. Dafür schmerzte mir den ganzen Nachmittag der Kopf und erteilte mir eine unvergessliche Lektion.

Das Wetter war an diesem Tag geradezu ideal für eines der schönen Rituale, die H. und ich seit dem Beginn unserer Liebe pflegten. Wenn es schneite, machten wir immer einen Spaziergang, immer durch die Kaiserstraße zur Ziegenbrücke und zurück, ausnahmslos jedes Mal, wenn es ordentlich schneite, und das seit unserem ersten Winter und unserem ersten Schnee. Ich holte sie von der Arbeit ab, wir gingen in die Süße Ecke auf einen Salep, danach in Richtung Babića bašča und dann weiter, zuerst zum Alifakovac, dann zurück zur Podcarina und danach zur Ziegenbrücke. Immer, jedes Mal, wenn es heftig schneite; das ist so unzertrennlich mit dem Schnee verbunden wie die weiße Farbe oder die Kälte. Und heute schneit es so üppig, wie für uns. Vielleicht ist es deshalb so scheußlich kalt, weil der Spaziergang ausfällt? Sicher auch deshalb die Traurigkeit, die mich beim ersten Schritt auf der Straße überfiel. Aber vielleicht ist das nicht objektiv, vielleicht ist nur mir so entsetzlich kalt?

Zum Glück konnte ich mich dieser Flut von Trauer und Bitterkeit nicht überlassen, denn nach fünfzig Schritten erreichten wir Dervos Station, und hier galt es,

Sara und ihrem Problem gegenüberzutreten, das sicher etwas schlimmer war als die umgestoßene Gewohnheit, der ausgefallene Spaziergang und die Kälte, so groß sie auch war.

In dem halben Jahr seit unserer letzten Begegnung hatte Sara mindestens zehn Kilo abgenommen, was vielleicht nicht so aufgefallen wäre, hätte sie dem Wetter entsprechende winterliche Kleidung getragen. So aber, im aufgeknöpften Übergangsmantel, darunter eine Bluse und ein dünner Pullover, wirkte sie zart, fast wie ein Schatten der stämmigen und starken Frau, die ich im Sommer kennen gelernt hatte. Die dunklen Ringe unter den Augen verrieten, dass sie einige schlaflose Nächte hinter sich hatte, aber das war das Einzige, woran man ahnen konnte, dass es ihr nicht gut ging. Ich glaube, ich hätte mich sogar über den Anblick dieser Sara mit den dunklen Augenringen und der dünnen Kleidung gefreut, wäre ich nicht durch Dervo informiert gewesen, dass sie sich den Scharfschützen dargeboten hatte. Ihr Gesicht war so ruhig, so gefasst, was konnte diese Frau mit Selbstmordabsichten zu tun haben?

»Schön, dich wiederzusehen, Sara. Wie geht es, du siehst gut aus, wirklich«, redete ich munter drauflos, versuchte ich, munter drauflozureden und die Gefühle zu unterdrücken, die mich buchstäblich erstickten, vor allem das Gefühl des Bestohlenseins. Ich hoffte, dass ich mit meinem munteren Ton, dem Auftreten eines Menschen, der einfach heiter und unverbindlich plaudern will, am leichtesten den Kontakt mit Sara wieder aufnehmen konnte, den ich im Sommer unterbrochen hatte (der seit dem Sommer unterbrochen war, letztendlich doch gegen meinen Willen oder zumindest ohne meinen

Willen). Etwa in diesem Stil: Es ist gut und ganz natürlich, dass wir uns jetzt begegnen, so wie es gut und ganz natürlich ist, dass wir uns ein halbes Jahr nicht gesehen haben, alles ist gut und alles ist genau so, wie es sein muss. Natürlich war ich mir all dessen nicht bewusst, all das dachte ich und dachte es mir auch nicht aus, erst heute verstehe ich, dass ich mich so verhalten habe, weil ich unbewusst tatsächlich daran glaubte. Wenn ich den Eindruck erwecken wollte, dass alles ganz natürlich war, durften Sara und ich kein Wort darüber verlieren, dass wir uns in einer Polizeistation wiedersahen, dass diese Begegnung dem Polizisten zu verdanken war, der sie vernommen und mich sozusagen zugeführt hatte, um sie zu retten oder Verantwortung für sie zu übernehmen, wir mussten also die traurige Seite unseres Wiedersehens ignorieren. Und nur wenn wir sie ignorierten, konnten wir miteinander reden wie Menschen, wie Freunde. Mir lag sehr daran, dass wir so miteinander sprachen, Sara sollte spüren, dass ich ihr auch weiterhin ein aufrichtiger und ergebener Freund war.

»Wie kommen Sie denn hierher, Professor? Sind Sie im Viertel Marindvor für mich zuständig?«, fragte Sara distanziert, als sie mir die Hand reichte. Dieser Händedruck war ausgesprochen warm und herzlich, so wie ich ihn von der Sara erwartet hätte, die ich kannte, aber er passte nicht zu der beinahe ironischen Erwiderung auf meinen Gruß.

»Gott sei Dank sind Sie für sich selbst zuständig, im Viertel Marindvor und auf der ganzen Welt«, sagte ich versöhnlich und akzeptierte ohne Kommentar, dass Sara und ich jetzt wieder per Sie waren.

»Das habe ich auch gedacht, aber das jetzt … Ich bin

ein bisschen durcheinander. Aber jedenfalls freue ich mich, Sie zu sehen«, erklärte Sara mit einem Blick auf Dervo, als wollte sie ihn fragen, warum er mich gerufen hatte.

»Sie haben vielleicht etwas gedacht, meine Dame, aber Sie haben sich gedankenlos verhalten«, sagte dienstbeflissen Dervo, der wohl Saras Blick verstanden hatte. »Darum habe ich ihn hier gerufen, ich habe schon damit gerechnet, dass er als wahrer Freund die Verantwortung für Sie übernehmen würde, wenn Sie selbst so verantwortungslos sind.«

»Bitte, Dervo, lass deinen Polizistenhumor«, rief ich und wandte mich an Sara. »Liebe Sara, Ihnen ist doch klar, dass die Dinge nicht so stehen, wie er behauptet. Hätte ich gewusst, dass Sie hier sind, wäre ich auch ohne Aufforderung gekommen, ich wäre an jeden Ort der Welt gekommen, wenn ich Ihnen damit hätte helfen können, schon um meiner selbst willen, weil ich mich so freue, Sie wiederzusehen.«

Und so weiter und so weiter. Ich raspelte Süßholz, aber ich meinte es ehrlich, weil ich Sara mochte und ihr wirklich zu helfen versuchte. Ich wollte sie beruhigen und ermutigen, sie von meiner aufrichtigen Freundschaft überzeugen und sie daran erinnern, dass es noch gar nicht lange her war, da hätte sie niemals an dieser Freundschaft gezweifelt. Vielleicht hätte sie auch jetzt nicht daran gezweifelt, wären nicht die äußeren Umstände unserer Begegnung so offen gegen Vertrauen, Freundschaft und andere Dinge dieser Art gewesen. Ernsthaft gesprochen, ich hatte schon im ersten Moment begriffen, dass sie praktisch festgenommen war und dass mein Freund, der Polizist, ihr Vernehmer, mich in der

Hoffnung hergeholt hatte, ich könnte der Festgenommenen helfen und vielleicht auch ihm, damit er von ihr bekam, was er brauchte. Dieser elementare Unterschied in unserer Ausgangsposition war hier einfach nicht zu übersehen, und darum bemühte ich mich vom ersten Moment an, Saras Aufmerksamkeit von dieser äußeren, objektiven, unerfreulichen Seite unserer Begegnung abzulenken. Ich wusste, dass sonst kein echtes Gespräch zustande kommen würde, und anders hätte ich mit ihr nicht sprechen können noch wollen. Und ich wusste, dass Dervos Büro, mit dem großen Tisch, den Holzstühlen, eiskalt und halbdunkel wegen des großen, zum Schutz vor das Fenster geschobenen Tresors, das Entstehen einer freundlichen, vertrauensvollen Atmosphäre nicht gerade erleichterte. Darum musste ich reden und reden, ich versuchte, möglichst überzeugend zu klingen, um die objektiven Umstände vergessen zu machen, die Atmosphäre von Dervos Büro und auch Dervo selbst, der immer gerade dann, wenn ich dachte, die Atmosphäre habe sich etwas gelockert, Sara erklären musste, dass sie in ihrem Alter nicht das Recht habe, sich so verantwortungslos aufzuführen, und dass er, Dervo, sich neben allen anderen Problemen und Aufgaben nur meinetwegen mit ihr befasse. Eine aussichtslose Angelegenheit, zumal für einen alten, unsagbar traurigen Menschen.

Dennoch gelang es mir, Sara irgendwann zum Sprechen zu bringen und auf diese Weise wenigstens zu erfahren, was sich seit unserer Begegnung im letzten Sommer alles ereignet hatte.

Sara hatte versucht, sich Antonijas Weggang dadurch zu erleichtern, dass sie sich bemühte, Kenan die Mutter zu ersetzen, weil sie meinte, das wäre so, als kümmerte sie sich noch immer um ihre wenn auch abwesende Tochter. Diese Rechnung ging indes nicht auf, nicht nur, weil Kenan schon die Fürsorge seiner eigenen Mutter bis zum Hals stand; die häufigen Begegnungen mit ihm waren auch für Sara unerträglich, weil sich jedes Mal tiefer in ihr Bewusstsein eingrub, was sie vergessen musste, nämlich Antonijas Abwesenheit. Aber sie wusste, dass sie nicht einmal den Versuch machen sollte, Antonijas Weggang zu verschmerzen, solange sie allein in der Wohnung lebte, wo alles sie an Antonija und die anderen Verluste in ihrem Leben erinnerte und wo niemand war, dem sie ihre Zeit und Sorge hätte widmen können. Also suchte sie täglich die Schule auf, egal, ob sie gebraucht wurde oder nicht, bis sie Ende September 1992 ganz dorthin übersiedelte.

Den Herbst und die ersten Wintermonate verwendete sie darauf, das gesamte Leben im Viertel Bistrik zu organisieren, rund um ihre Schule als Mittelpunkt, und dafür nutzte sie die Autorität, die sie bei den Eltern ihrer ehemaligen und jetzigen Schüler besaß. Und die war groß, wenn man bedenkt, dass ganze Generationen in Bistrik zu ihren Schülern zählten. So ordnete sie an, dass Wasser für das ganze Viertel aus der Brauerei in die Schule geleitet und von dort aus verteilt wurde. Der Vorteil einer solchen Versorgung sprach sich schnell herum. Bis dahin war jedes Haus auf sich selbst angewiesen, das heißt, aus jeder Familie setzte sich mindestens ein Mitglied täglich Gefahren aus, während die Alten, Schwachen, Kranken, Ängstlichen, also alle bis auf die Starken und Mutigen, kein Wasser abbekamen. Als eine Mehrzahl diese Art der Wasserversorgung akzeptiert hatte, bildete sich wie von selbst eine Gruppe von Bürgern, die alle anderen tagtäglich mit Wasser versorgte. Außerdem kümmerte sich Sara darum, dass alle Bewohner des Viertels in der Schule kochen und sich aufwärmen konnten. Sie beschaffte zwei Herde, die sie im Erdgeschoss der Schule installierte, und fand eine Gruppe junger Leute, die den erforderlichen Brennstoff herbeischaffte. Danach wurde festgelegt, welche Familie wann zum Kochen oder zum Aufwärmen an der Reihe war. Sara ordnete an, dass die für ganz Bistrik eintreffende humanitäre Hilfe in der Schule verteilt wurde, das heißt aufgrund der Dokumentation, die ebenfalls in der Schule erstellt wurde. Außerdem richtete sie in der Schule eine Kleidersammlung für Bedürftige ein.

»Das waren ein paar unerhört anstrengende und unerhört schöne Monate«, berichtete Sara über ihre Unternehmungen in Bistrik, »das war eine Zeit der schönsten Selbstvergessenheit, wo ich völlig in der Arbeit aufgehen konnte.«

Wie jeder echte Meister hatte Sara ein Werk geschaffen, aus dem sie sich zurückziehen konnte, ohne ihm einen Schaden zuzufügen, wohl wissend, dass für den Meister das Werk spricht und nicht die Spuren, die er daran hinterlassen hat. Während der Herbstmonate hatte sie ihre Schule in das wahre Zentrum des Lebens im Viertel Bistrik verwandelt, in einen Ort, ohne den Überleben fast undenkbar gewesen wäre, und sie hatte alles so gut geregelt, dass man Tage vorher schon wusste, wer für die Wasserversorgung, wer für Brennstoff und Kochmöglichkeiten, wer für die Verteilung von Kleidung und Lebensmitteln zuständig sein würde. So war es auch möglich, dass sie schon in der zweiten Januarhälfte 1993 so viel freie Zeit hatte, dass sie nichts mit sich anzufangen wusste. Und diese freie Zeit, die ihr natürlich vor Augen führen musste, dass sie nicht mehr unersetzlich war in dem Kreis, den sie um ihre Schule geschaffen hatte, in der kleinen Welt, die ohne sie nicht entstanden wäre und die sie gesponnen hatte wie eine Spinne ihr Netz, all das brachte sie zurück zu Antonija und ihrem Weggang und all den Fragen, die damit verbunden waren. So erfuhr Sara, dass Kenan im Krieg einen Arm verloren hatte. So erfuhr sie, dass eine aus Grdonje geflohene Familie in ihre Wohnung eingezogen war (das erklärte auch Saras zu leichte Kleidung). So erfuhr sie, dass bei der Caritas schon seit fast einem Monat ein Brief auf sie wartete.

Er war von Antonija, ein sehr langer und sehr gleichgültiger Brief.

Tante Andjelina und Onkel Andrija hatten sie freundlich aufgenommen. Im September hatte sie sich an der Fakultät eingeschrieben, wo man sie ins vierte Studienjahr eingestuft hatte. Sie schrieb, mit welcher Freude sie jetzt studieren und bestimmt bis zum nächsten September ihr Diplom machen würde. Aber all das schrieb sie wie den Bericht über einen kaum bekannten Menschen, neutral und ohne eine Spur der Gefühle, die sie im Brief erwähnte (wahrscheinlich hatte sie nachträglich, nach dem Verlust dieser guten Gefühle geschrieben). Ende Oktober hatte sie erfahren, dass man Kenan mobilisiert hatte, und in dieser Zeit verlor sie ihre angenehme innere Spannung und jene Freude, die das Warten auf ein schönes Ereignis begleitet. Kenans Brief war ernst und leidenschaftlich, wie man es von ihm nicht erwartet hätte, er schrieb, dass es ihm nicht so schlecht ging und dass er sie nur bitte, gründlich nachzudenken und ihm aufrichtig zu antworten, ob sie daran glaube, dass sie sich auch weiterhin so gut verstehen würden, wenn sie sich jemals wieder treffen sollten. Antonija schrieb, dass sie die Ausreise nach Neuseeland beantragt und die Genehmigung bekommen habe und jetzt auf die Papiere warte. Im März werde alles perfekt sein. Bald würde das neue Jahr gefeiert, und für sie werde es diesmal wirklich neu sein, weil sie zum ersten Mal völlig allein sein würde.

Sara hatte den Brief schon bei der Caritas gelesen und begriffen, dass alles bereits entschieden, dass alles längst geschehen war. Eine schwere Müdigkeit überkam sie, von der sie ein bisschen wie erstarb. Sie brach nach Hause auf, aber Schritt für Schritt ging sie mühsamer und wurde immer abwesender. Der Atem ging ihr aus, sie bekam nicht mehr genug Luft. Als ob Federn auf sie fielen und sie zu Boden drückten mit einem Gewicht, das man nicht spürte, Tonnen von Federn, die alle Bewegungen unmerklich immer schwerer machten, bis sie sie sanft erstickten. Wie eine schöne, sanfte Krankheit. Liebevoll wie ein milder, mütterlicher Tod.

Im At-Mejdan-Park überfiel sie diese seltsame Lähmung, dieser milde Tod, und sie blieb reglos stehen. Sie konnte einfach nicht weiter, nichts wollte weiter, nicht mal das Herz, sie legte sich unter die hohe Platane, um sich zu sammeln, um zu versuchen, zu begreifen, was jetzt zu tun sei, um sich ein paar Fragen zu beantworten, die plötzlich aufgetaucht waren. Wo sollte sie jetzt eigentlich hin – in ihre Wohnung oder in die Schule? Es entsprach dem Gesetz des Anstands, bei sich zu Hause zu sterben, aber dort waren jetzt fremde Leute. Andererseits waren in der Schule zwar Bekannte, sogar nahestehende Menschen, aber eine Schule ist doch ein öffentlicher Raum, in dem man nicht sterben sollte. Das heißt, dort stirbt man öffentlich, unanständig, wie man in unserer Zeit der Schamlosigkeit und der Öffentlichkeit inzwischen stirbt. Sie, Sara, hatte schon immer gewusst, dass der Tod ein Höhepunkt der Intimität war, ein Erlebnis und Ereignis, das man nur mit denen teilt, vor denen man nichts verbergen muss. Aber das gab es heute nicht mehr, wohl weil es nichts mehr zu verbergen gab. In einer völlig durchsichtigen Welt sind auch wir schamlos geworden. Unser Leben ist öffentlich und unsere körperlichen Organe sind öffentlich, öffentlich unsere Empfindungen und Gewohnheiten, also auch unser Tod, schamlos und ordinär fremden Blicken ausgesetzt. Wo hätte Sara es tun können? Und wie? Gab es in dieser Stadt noch immer jemanden, mit dem und vor dem sie es tun konnte? Es brauchte kein Nahestehender zu sein, er sollte nur auch nicht völlig fremd sein.

Spätnachts, es war schon Sperrstunde, wurde sie von ihren Nachbarn aus Bistrik gefunden, die sich bereits am Nachmittag auf die Suche nach ihr begeben hatten. Auch jetzt, in Dervos Büro, fragte sie sich: Hatte sie geschlafen? War sie ohnmächtig geworden? Hatte sie sich dem guten weißen Tod ergeben, war sie jener Stimme gefolgt, die sie einst zur Hochzeit gerufen hatte?

Sie lag noch ein paar Tage in der Schule, ruhig und friedlich und völlig wunschlos, so wie sie jetzt vor uns im Büro saß. Und als sie begriff, dass sie die Dinge nicht selbst lösen konnte, stand sie auf und suchte die Straßenkreuzungen auf, wohin die Scharfschützen zielten. Wenn es nicht anders ging, dann so, wie es heute sein musste. Wenn es nicht würdig und ihrem Leben angemessen war, dann eben unpersönlich, öffentlich, auf der

Straße. Aber die Scharfschützen verschmähten sie, ein so zeitgemäßer Tod stünde wohl zu sehr im Widerspruch mit ihrem Charakter und ihrem bisherigen Leben, in dem es nichts Öffentliches gab. Und so hatte man sie heute festgenommen, und mein Freund hatte mich zu Hilfe geholt, als er es müde war, sie anzuschreien.

Das war Saras konzentrierter und präziser Bericht. In jedem Satz, jedem Wort, in jeder kleinsten begleitenden Geste war jene Sara sichtbar, die ich kennen und lieben gelernt hatte, eine starke Frau, die ihren Platz und ihren Weg kannte. Wie hätte ich mich über diese Begegnung gefreut, wäre Sara nur nicht so fest zum Sterben entschlossen gewesen!

»Aber ich sehe nicht, was Antonijas Auswanderung nach Neuseeland mit Ihrem Tod zu tun haben soll. Da gibt es einfach keine Verbindung«, rief ich erregt in das Schweigen hinein, das ihrem Bericht folgte.

»Ich sehe sie auch nicht, zugegeben«, erklärte Sara ruhig.

»Aber warum dann das alles? Sie sind an nichts schuld, Sie haben keinen Grund, sich umzubringen. Sie haben nicht das Recht dazu«, sagte ich in dem Bemühen, alles für Saras Wohlergehen zu tun.

»Suchen Sie hier nicht nach Schuldigen, das bringt nichts, Professor. Und klagen Sie nicht Antonija an, ich kratze Ihnen die Augen aus, wenn Sie das tun«, antwortete Sara ruhig, und gerade diese Ruhe gab ihrer Drohung eine unheimliche Überzeugungskraft.

»Mein Gott, Sara, wie können Sie so reden! Ich beschuldige niemanden«, erwiderte ich hastig auf Saras ungerechten Einwand. »Ich habe nur den Wunsch, Ihnen Mut zu machen … Nein, nicht einmal das, ich möchte Ihnen nur erklären, wie lieb Sie uns sind, wie sehr Sie gebraucht werden, wie falsch Ihre Versuche sind, sich umbringen zu lassen. Nur das möchte ich, dass Sie für uns dableiben.«

»Sie sind ein ziemlich belesener Mensch, Professor, davon haben Sie mich schon bei dem Abschiedsessen für Antonija überzeugt«, antwortete Sara lächelnd. »Aber ich fürchte, dass Ihnen das menschliche Herz, die menschliche Natur und das menschliche Leben irgendwie verborgen geblieben sind, obwohl man auch Sie zum Leben verurteilt hat. Glauben Sie wirklich, dass ich Ermutigung brauche? Dass mich jemand überreden kann, auf den Tod zu verzichten und hier bei Ihnen zu bleiben? Glauben Sie das wirklich? Wir kennen uns doch gut genug.«

»Es stimmt, dass ich mich besser mit Büchern als mit Menschen auskenne, aber darum geht es jetzt nicht«, protestierte ich, weil mir schien, dass Sara das Thema wechseln und meinen Fall anstelle des eigenen zur Sprache bringen wollte, was ihr natürlich geholfen hätte, bei ihrem Entschluss zu bleiben, ohne seine Richtigkeit in Frage zu stellen.

Dervo lachte, ich weiß nicht, ob über mein Geständnis oder über Saras List, aber er folgte weiter schweigend unserem Gespräch.

»Ich weiß nicht, warum Sie mich so falsch verstehen. Mit Ihrer Frau hatte ich viel weniger zu tun als mit Ihnen, aber ihr ist sicher klar, dass die Dinge bei mir viel einfacher liegen, als es Ihnen vorkommt, weil ihr die Menschen näher sind als Ihnen.«

»Erklären Sie es mir, damit auch ich endlich begreife«,

forderte ich spöttisch und ein bisschen beleidigt, weil ich hier offenbar für dumm gehalten wurde.

»Da gibt es nichts zu erklären. Wie Sie sicher wissen, vereinigen viele von uns unversöhnliche Eigenschaften in sich, als ob der Mensch zwei verschiedene Naturen in sich hätte. Wenn ich mich recht erinnere, heißt es bei Ihnen in der Literatur, dass solche Menschen Probleme mit ihrer Identität haben, weil sie ihren Platz in der Welt nicht erkennen und nicht einmal wissen, was sie wollen sollen. Das ist erst recht kompliziert, wenn diese beiden verschiedenen Naturen, die sich in einem Menschen vereinigt haben, gleich stark sind, wie es bei mir der Fall ist. Und bei mir kommt noch dazu, dass sich diese beiden Naturen einfach nicht vertragen. Man könnte also sagen, dass ich ein etwas lächerlicher Fall bin. Oder ist es nicht Natur, sondern Schicksal, nicht Psychologie, sondern das Leben, das nun mal von seiner Umgebung bestimmt wird? Oder beides? Ich weiß es nicht, es ist auch für unser Gespräch nicht wichtig. Jedenfalls kann ich sagen, dass meine zwei Naturen oder Schicksale sich aus tiefstem Herzen verabscheuen. Das war und ist mein wesentliches Problem. Ich habe meine zwei Seiten und ihre Unverträglichkeit schon als Mädchen bemerkt und mich damals schon für eine von ihnen entschieden. Der Einfachheit halber könnten wir die beiden Sara und Serafina nennen, so haben mich andere genannt, und in diesen Benennungen habe ich die Namen für meine beiden Seiten erkannt, für das, was ich in mir trage, für das, was ich bin.

Mit Sara hatte ich nie Probleme, sie mochte ich, auf sie konnte ich mich einlassen. Schon mit neun habe ich Sara sein wollen. Auch die anderen liebten sie, jedenfalls diejenigen, an denen mir lag. Oder scheint es mir nur so? Vielleicht wünsche ich mir ja nur – oder hätte es einfach nur ganz gern gehabt –, dass es so gewesen wäre. Als ich neun Jahre alt war, kamen die weißen Reiter und riefen Sara, sie solle doch mit ihnen gehen – so gut und wunschlos und frei war sie. Aber mit Serafina hatte ich schon seit früher Jugend Schwierigkeiten. Ich wollte sie nicht. Ich wusste: Das bin ich nicht, das will ich nicht sein, mit diesem Teil von mir will ich nichts zu tun haben. Das klingt heute seltsam, ich weiß, heute ist ja Bequemlichkeit oberstes Gebot, und wir tun gern so, als wäre unser Ich unveränderlich, unantastbar und nicht in Frage zu stellen.

Ich spreche jetzt zum ersten Mal von etwas, was ich schon mein ganzes Leben weiß, was ich immer schon gedacht habe. Aber Sie sind Professor, Sie wissen, wie viel leichter es ist, etwas für sich allein zu wissen, als es vor anderen auszusprechen. Mir tut es weh, diese ganzen Vereinfachungen sind verletzend, aber es muss wohl einmal ausgesprochen werden, um die Sache an ihr Ende zu bringen. Also werde ich es aussprechen! Ist es der Wille, ist es der Funke, der aus dem ausgestreckten Finger Gottes springt – wie ich es auf einem Bild gesehen habe –, ist das der Daseinsgrund, aus dem wir hervorgegangen sind, aus dem wir uns geschenkt wurden und der in unsere tiefste Tiefe eingesenkt ist, der Grund, der uns für immer verborgen bleibt, aber zugleich das wahre Zentrum unseres Wesens ist und sein sollte, ist das der Wille zum Sein oder der biologische Impuls der Materie, die sich selbst formt? Ich weiß es nicht, ich habe mich nie gefragt, wie ich dieses Etwas, dieses Zentrum meines Ichs nennen soll, aber ich weiß, dass es existiert, dass es ein wesentlicher Teil meiner selbst ist und dass dieses Zentrum eine Serafina nie anerkannt hat.

Ich wollte nie Serafina sein: praktisch, nützlich, realitätstauglich, immer zur Hand und immer zu Diensten, bis man davon total beherrscht und verschluckt wird. Eine Güte, die tyrannisiert, ein Geben, das nur an sich selbst denkt. Oder so irgendwie. Nein, so habe ich nie sein wollen, mein Leben lang habe ich gegen Serafina angekämpft. Nützlich, diensteifrig, scheinbar zum Geben bereit und dahinter die pure Gefräßigkeit. Als ich begriff, dass es immer nach ihr ging, dass sie mich beherrschte, sosehr ich mich auch wehrte, sonderte ich mich ab, ich ging lieben und nahen Menschen aus dem Weg und wandte mich Fremden zu. Wenn Sie für Fremde da sind, ihnen und sich aber jede Nähe verweigern, meiden Sie auch die Gefahren, die mit Serafina verbunden sind, Ihnen gelingt es, diese Leute nicht zu tyrannisieren und sie nicht zu beherrschen. So konnte ich mich und mein Leben einigermaßen ertragen, so konnte ich brauchbar und nützlich sein, mich wunderbar fühlen und dennoch Serafina besiegen. Oder es mir wenigstens einbilden. Mein verstorbener Mann, meine Tochter, ich selbst – wir waren nicht weit genug voneinander entfernt. Und trotzdem habe ich uns alle kaum gekannt. Ich weiß nicht, wie ich es formulieren soll, Professor, damit Sie das verstehen. Einmal war ich nur ich, ein andermal war ich dann wieder Serafina, mal ging es nach meinem, mal nach ihrem Willen. Im Grunde habe ich mein ganzes Leben gegen sie gekämpft, es war ein lebenslanger Kampf ohne Ausgang und Versöhnung ... aber jetzt ist nur noch Sara in mir, sicher und endgültig. Jetzt brauche ich nur noch zu gehen, trocken, rein und ganz nach innen gerichtet. Darum bin ich heiter und ruhig, es gibt keinen Grund, warum man mir Mut machen müsste. Ihre Frau weiß genau, wie es jetzt um mich steht. Ach, wenn ich nur schon früher mal so zufrieden und voller Mut gewesen wäre.«

Das Schweigen dauerte lange. Dervo hatte den Ellbogen auf den Tisch und den Kopf auf die linke Hand gestützt, und ich senkte den Blick, wie immer, wenn ich zu begreifen versuche, was mein Verstand nicht fassen kann. Sara zitterte entspannt, wenn man das so sagen kann, sie fror in ihrer leichten Kleidung und in dem eiskalten Büro, war aber fast noch ruhiger als damals, als ich sie kennen lernte. Am Ende musste ich mir eingestehen, dass ich Saras Geschichte nicht verstanden hatte. Das Einzige, was ich mit Sicherheit sagen konnte, war, dass sich an ihrer Absicht, zu gehen, nichts geändert hatte.

»Das sind Dummheiten, liebe Sara. Sie werden hier noch immer gebraucht«, rief ich fast außer mir.

»Wer braucht mich, lieber Professor?«

»Ich, er, wir alle, die wir Sie kennen und mögen, und wir sind viele, glauben Sie mir, mehr, als Sie sich vorstellen können.«

»Danke, Professor, Sie sind ein netter Mensch.«

»Und was stimmt dann nicht?«, rief ich aufgebracht, weil ich Saras Stimme anhörte, wie stark ihre Entschlossenheit war.

»Alles ist in Ordnung. Und wie Sie reden, das macht Ihnen alle Ehre. Bloß ist das alles ein bisschen abstrakt. Ich brauche Arbeit, ich kann nicht so herumsitzen.«

»Sie sind eine anstrengende Person. Völlig klar, dass Sie niemand zur Freundin haben kann, außer ihm«, sagte Dervo ein bisschen zu heftig, als dass ich ihm seine

Wut hätte abnehmen können, und sprang von seinem Stuhl auf. »Sie brauchen Arbeit? Kein Problem, meine Liebe, Arbeit gibt es mehr als genug. Sie könnten bei uns kochen. Das ist zwar kein Direktorenposten und bringt kein großes Geld, aber es ist Arbeit und nützt den Leuten.«

»Köchin?«, fragte Sara auf einmal so interessiert, dass mich ein Blitz der Freude durchzuckte. »Hier bei Ihnen?«

»Ja, hier sind fünfzig Leute, die verpflegt werden müssen, wenn sich was auftreiben lässt. Okay, das meiste sind Konserven, aber sogar die schmecken anders, wenn man sie von einer echten Köchin bekommt. Manchmal, wenn wir Makkaroni haben oder Reis, gibt es auch wirklich was zu kochen.«

»Und Sie würden mich nehmen?«

»Der Kommandeur ist auf dem Terrain, er hat das letzte Wort. Aber er hat meine Beschlüsse noch nie zurückgenommen. Es ist natürlich die Frage, ob Sie mit der Bezahlung einverstanden sind, die wir Ihnen anbieten können, und ob Sie bereit sind, ständig zur Verfügung zu stehen wie wir alle.«

»Warum soll es mir anders gehen?«, erklärte Sara feierlich. »Wann kann ich anfangen?«

»Gleich morgen, wäre mein Vorschlag. Warum noch warten? Wenn der Kommandeur kommt, machen wir die Sache fest.«

Dervo reichte Sara die Hand. Sie nickte, stand auf und wechselte mit ihm einen langen und festen Händedruck. Sie fragte, ob sie jetzt gehen könne, um sich fertig zu machen, und wandte sich auf sein Nicken zum Ausgang.

»Aber Vorsicht, wenn Sie über die Straße gehen. Passen Sie auf meine Köchin auf!«, rief ihr Dervo nach. Sara wandte sich in der schon offenen Tür um und lief davon.

Dervo und ich sahen uns an und nickten viel sagend. Ich weiß nicht, was sein Nicken bedeutete, meines jedenfalls hieß: »Ist jetzt nicht klar, warum ich hin und wieder neidisch und wütend auf dich bin?« Er hatte ohne Lyrik, ohne Getue und ohne Zaudern meine Freundin gerettet, mit der ich mich – wie mit mir selbst – stundenlang herumgequält hatte und mit demselben Resultat auch noch monatelang hätte herumquälen können. Er hörte zu, duldete meine Auslassungen, versuchte zu verstehen, worum es ging, und rückte dann mit einem Griff die Dinge zurecht. So, wie er mir den Herd repariert hätte, wenn ich ihn darum gebeten hätte. Ich weiß nicht, wie es ihm ergeht, aber mir ist einigermaßen klar, woher ich das habe, was ich die dunkle Seite meiner Freundschaft mit Dervo nenne.

Dervos Uhr sah aus dem Ärmel hervor, und ich konnte erkennen, dass es ein paar Minuten nach drei war, die Zeit, da H. normalerweise nach Hause kam. Heute würde sie sich wahrscheinlich ein bisschen verspäten, sie wusste, dass dies ein Tag war, an dem wir zur Ziegenbrücke gingen, aber ohne Notwendigkeit nicht das Haus verlassen konnten. Und darum würde sie länger auf der Arbeit bleiben. Außerdem war sie heute wahrscheinlich traurig, so wie ich, und sie mag nicht mit mir zusammen sein, wenn wir beide traurig sind. Darum würde sie sich heute möglichst lange verspäten, mit Sicherheit würde sie sich verspäten, und dennoch verabschiedete ich mich von Dervo und eilte nach Hause. Ich wollte zu Hause sein, wenn sie kommt.

Ich stand gerade auf, als es eine fürchterliche Explosion gab. Ihrer Stärke nach musste die Granate irgendwo in der Nähe eingeschlagen sein, und dort waren sicher Menschen unterwegs. Wortlos rannten wir hinaus.

Zwischen der Polizeistation und dem benachbarten Wohnhaus gab es zehn, fünfzehn Meter Fläche, die bei Soldaten freies Schussfeld heißen würde. Gegenüber stand ein Gebäude mit einem Geschäft und einer kleinen Kaffee-Bar im Keller. Links im Erdgeschoss war eine leere Wohnung, und rechts befanden sich die Räume des Singvogel- und Zierfischzüchter-Vereins. Direkt vor der Tür dieses Vereins lag Saras kopfloser Körper. Ich weiß nicht, wo die Granate eingeschlagen hatte und wie es geschehen konnte, dass Kopf und Hals von einem fast unverletzten Körper abgerissen und einfach verschwunden waren, aber genau das war geschehen. Der Kopf war mit dem Hals zwischen den Schultern herausgerissen worden, sodass Ströme von Blut die Wand neben der Eingangstür des Vereins herunterliefen. Doch die Kleidung, die ich vor kurzem gesehen hatte, ließ keinen Zweifel zu, dass es sich um Sara handelte.

»Wie ist das möglich? Wo ist sie eingeschlagen?«, schrie ich Dervo an, als ich meiner Stimme wieder mächtig war.

»Red keinen Blödsinn, geh nach Hause«, sagte Dervo, der den umherstehenden Polizisten Anweisungen gab.

Einer von ihnen nahm mich an der Hand und führte mich nach Hause.

7

Epilog

Heute schneit es wieder so dicht und still. Gottes gute Welt wird zugedeckt, als sollte unserem Blick die Wirklichkeit verborgen und das Weiß als einzige Wahrheit und Farbe dargeboten werden. Ich weiß nicht, ob als Wahrheit oder als Ersatz, jedenfalls als Zuflucht vor der Wirklichkeit. Ein weißer Vorhang teilt die Existenz – in die Wirklichkeit dieser Welt, die man nicht mehr sieht, weil sie jenseits des Vorhangs liegt, und in Saras weiße Hochzeitsgäste diesseits, die man sieht, obwohl sie nicht von dieser Welt sind.

Aber ich brauche keinen Schnee, um mich an Sara zu erinnern und in mir jeden einzelnen Moment, den ich mit ihr verbracht habe, bis ins kleinste Detail wieder auferstehen zu lassen. Ich brauche keinen Schnee, um über sie zu sprechen, mich mit ihr zu beschäftigen, mit ihr zu diskutieren, ich brauche ihn nicht, weil ich mich im Grunde seit jenem Tag Ende Februar 1993 nicht mehr von Sara befreien kann. Die Erinnerung an sie, die Fragen nach ihr und vor allem die Fragen an sie: All das verfolgt mich buchstäblich Tag um Tag und besonders nachts, im Bett, wenn ich auf Ruhe hoffe. Schöne Erinnerungen, Liebe und Dankbarkeit, und besonders Neid (mein Gott, wie ich sie beneide! Sie hat sich von ihrer unerwünschten Natur und von allen Zweifeln befreit – Wirklichkeit oder Schein, Inneres und Äußeres? –, sie hat sich von allem befreit, was mich immer quälender verfolgt und mir die wenigen Tage verbittert, die mir diesseits noch geblieben sind). H. hat das begriffen, sie versteht, und manchmal bringt sie das Gespräch auf Sara, ruft mir etwas in Erinnerung, korrigiert Einzelheiten, die ich mir falsch gemerkt oder versehentlich dazuerfunden habe. Sara ist eines der wenigen Themen, mit denen wir uns tagtäglich befassen, einer der wenigen Menschen, die in unserem Haus wirklich anwesend sind.

Sara beziehungsweise die Art, wie sie in meinem Haus und meinem Leben anwesend ist, steht in vollkommenem Einklang mit dem Leben, das ich seit ein paar Jahren führe, vermutlich seit jenem Tag, an dem sie uns verlassen hat. H. hat mich kürzlich darauf aufmerksam gemacht, dass ich mehr Zeit in einer parallelen, virtuellen, genauer: in einer erinnerten Realität verbringe als in der Wirklichkeit, die Gott uns geschenkt hat. Selten verlasse ich das Haus, noch seltener gehe ich in eines der neuen, auf Metallglanz gebrachten Lokale, offenbar vertrage ich das kalte Strahlen und die stumpfe Anonymität nicht, die mir dort angeboten werden. So bleibt meine Welt nur von den vertrauten Lokalen bevölkert, in denen sicher nie wieder jemand etwas trinken wird. Ich gehe durch Straßen, in denen es keine mir bekannten Geschäfte mehr gibt, keine Ladenschilder, die ich kenne, keine Namen, die mir vertraut wären, doch meine Spaziergänge folgen stets derselben Route, die einmal von vertrauten Zeichen markiert wurde, Zeichen, die in der äußeren (der wirklichen?) Welt seit langem spurlos verschwunden sind. Ist es noch derselbe Weg, ist die Stelle, die mein Fuß jetzt berührt, noch dieselbe wie damals, als es direkt daneben noch ein anderes, mir vertrautes Zeichen gab? Genauso geht es mir mit den Menschen.

Ich sehe viele Leute, mehr, als mir lieb ist, aber die meisten bleiben für mich in der Ferne. Sie sind viel weniger wirklich als die teuren Verstorbenen, von denen ich umgeben bin, sie sind lauter und weniger wirklich, darum geht es. Und so geht es mir mit allem.

Wie bei ihr – auf der einen Seite Sara und auf der anderen Serafina. Die eine will ich, akzeptiere ich, vielleicht gerade, weil es sie nicht gibt beziehungsweise weil sie mich dorthin entführt, und die andere akzeptiere ich nicht, weil sie allzu anwesend ist, mich fesselt, sich krampfhaft an all das hier klammert, was ihr gar nicht eigen ist. Oder habe ich meine Freundin falsch verstanden? Habe ich mir ihre lange Beichte im Schatten des riesigen Geldschranks in Dervos Büro nicht richtig gemerkt? H. versucht mich davon zu überzeugen, dass ich falsch verstanden habe, selbst wenn ich mich richtig erinnere, weil ich alles falsch auffasse, was mit Menschen zu tun hat. Es ist sehr gut möglich, aber es verringert nicht die Kluft zwischen den parallelen Welten, in denen zu leben ich verurteilt bin.

Das beantwortet keine jener Fragen, die mich verfolgen und auf die zu antworten mir immer qualvoller wird. Warum besucht mich unter meinen teuren Toten gerade Sara am häufigsten und bleibt am längsten? Worum beneide ich sie so sehr? Um ihren Entschluss? Weil sie sich dieser langen chaotischen Übersiedlung verweigert hat? (Bei ihr ging es schnell, spektakulär und feurig, oder kommt es mir nur so vor?) Weil sie den Mut hatte, wenn auch erst an jenem letzten Tag, das auszusprechen, was ich nicht einmal zu denken wagte?

Ich weiß es nicht, ich weiß immer weniger und verstehe immer weniger. Zum Glück schneit es, und alles ist weiß.

Inhalt

1
Die Farbe der bronzenen Schatten 7

2
Unterwegs zu Sara 48

3
Die Geschichte von den Türen 80

4
Arbeitsbericht 113

5
Serafinas Ankunft 134

6
Saras Rückkehr 161

7
Epilog 185